# Manual para estar en pareja

# Demián Bucay

# Manual para estar en pareja

**OCEANO**

MANUAL PARA ESTAR EN PAREJA

© 2017, Demián Bucay

Publicado según acuerdo con UnderCover Literary Agents

Diseño de portada: Estudio Sagahón / Leonel Sagahón
Fotografía de Demián Bucay: cortesía del autor

D. R. © 2018, Editorial Océano de México, S.A. de C.V.
Eugenio Sue 55, Col. Polanco Chapultepec
Del. Miguel Hidalgo, C.P. 11560, México, D.F.
Tel. (55) 9178 5100 • info@oceano.com.mx

Primera edición: 2018

ISBN: 978-607-527-481-2

Impreso en México / Printed in Mexico

# Índice

# Introducción

Hoy en día, la pareja se ha convertido en la principal, cuando no la única, fuente de satisfacción para una diversa y larguísima serie de necesidades.

Suponemos hoy que una pareja debe proveer: estabilidad, reconocimiento, novedad, diversión, placer sexual, comprensión, consuelo, apoyo, complicidad, colaboración económica, consejo... Y, para peor, suponemos que todo esto es sencillo y que debe darse naturalmente.

Malas noticias: no sucede naturalmente ni es sencillo.

Disminuir nuestras pretensiones y expectativas respecto de la pareja es un camino deseable a recorrer. Sin embargo, para aquellos que todavía elegimos hacer de la vida en pareja algo fundamental, eso no será suficiente.

Estar bien con nuestra pareja (encontrarla, armarla, mantenerla) requiere reflexión y trabajo. No da lo mismo hacer cualquier cosa, entregarse a los impulsos y comportarse de acuerdo con caprichos o movidos por nuestras inseguridades que tener una idea clara de hacia dónde queremos llevar nuestra pareja y actuar en consecuencia.

Ése es el propósito de este libro: señalar algunas cuestiones sobre las que tendremos que pensar a la hora de involucrarnos con una pareja o continuar con la que tenemos; identificar los modos que nos llevarán, casi con certeza, al sufrimiento o el rencor, y delinear otros que tengan mejores oportunidades de resultar fructíferos para cada integrante de la pareja así como para la relación entre ellos.

Por eso me permití el atrevimiento de llamarlo *manual*. No porque crea que contiene respuestas finales ni exhaustivas, sino porque trata, indudablemente, del *cómo*.

Adicionalmente, la palabra *manual* remite a la idea de un libro *de mano* (como lo refuerza el término en inglés: *handbook*). Cuando la mayoría de los libros eran pesados tomos que había que apoyar sobre un atril para leer, los manuales eran textos más pequeños, manejables, que podían llevarse a todos lados y, especialmente, al lugar en el que sería necesario consultarlos. Hoy, casi todos los libros son portátiles, pero me gustaría que éste mantuviera también ese carácter accesible que tenían los *manuales*. Un libro que pueda ser consultado cuando la ocasión lo requiera y cuyas ideas puedan "llevarse bajo el brazo".

Algunas aclaraciones antes de comenzar.

Utilizaré con frecuencia a lo largo de todo el libro las denominaciones "él" y "ella" para referirme a los dos integrantes de la pareja. Lo haré así simplemente porque de ese modo es fácil diferenciar a cada integrante, pero todo lo que diré aquí es válido también para una pareja de "él" y "él", así como para una de "ella" y "ella".

De modo similar, en la mayoría de los casos y situaciones que comentaré los géneros son intercambiables. No suelen gustarme las distinciones del estilo: los hombres siempre tal cosa y las mujeres siempre tal otra. Las más de las veces esas aseveraciones son prejuiciosas. Y cuando no lo son, en todo caso hablan de frecuencias y no de cuestiones intrínsecas.

Nada concreto indica, por ejemplo, que las mujeres sean más intuitivas y los hombres más prácticos (toda la evidencia que apuntaba hacia un "cerebro femenino" y un "cerebro masculino" está en franca revisión). Si estas características se presentan de forma desbalanceada en uno y otro género, se debe más a los modos en que, por nuestros propios prejuicios, educamos a los niños y las niñas y les regalamos a unos un set de construcción (¡desarrolla tu intelecto!) y a otras una muñeca (¡desarrolla tu emoción!).

Por todo esto evitaré las distinciones de género, salvo cuando crea que la diferencia en frecuencia es tan grande que dificultaría, de otro modo, que podamos sentirnos identificados. Aun en esos casos, recordemos que puede muy bien haber hombres que ocupen, en determinada relación o momento, una postura "femenina", así como mujeres que adopten una posición tradicionalmente "masculina".

Utilizaré también con frecuencia la palabra *matrimonio*. Debe entenderse aquí como sinónimo de cualquier pareja estable que convive con perspectiva de continuidad. La cuestión del marco legal de la unión es, para casi todo lo que este libro plantea, irrelevante. Por ende, usaré el término, salvo contadas ocasiones, de este modo más general.

Por último, el libro contempla y supone mayoritariamente relaciones que se pretenden monógamas. Es decir, aquellas en las que hay un solo compañero *primario* (lo cual no debe confundirse con fidelidad: la infidelidad no anula la monogamia). De todos modos, creo (y deseo) que mucho de lo que se dice a lo largo del libro no carece de interés para otros modelos alternativos como el poliamor (la coexistencia aceptada de varias relaciones amorosas), por el que tengo enorme respeto.

Notarán que cada capítulo comienza con un epígrafe. Todos son fragmentos de canciones. La selección no sigue otro criterio que mi gusto personal y la relevancia que el texto tiene, a mi entender, para el tema que abordaré en cada capítulo. Si, además de leer el fragmento en cuestión, alguno de ustedes se siente tentado a escuchar algún tema que tal vez no conozca, le deseo que lo encuentre tan disfrutable y estimulante como lo fue para mí.

Preliminares establecidos. Nos disponemos a trabajar...

# CAPÍTULO 1

# Construcción

¿Quién le dijo que él y yo éramos rivales?

Más bien amantes.

Correteamos por los valles,

incesantes [...]

Permanecer unidos nos haría inmortales

y así vivir un amor de eternidades.

FÉMINA, "Buen viaje"

Comencemos por una historia verídica.

Tan cierto es lo que voy a contar que, si no hubiese sucedido, yo no estaría aquí. Se trata de la historia de cómo se conocieron mis bisabuelos (es decir, es la historia de cómo mi abuela paterna llegó a existir, y por ende mi padre y yo mismo).

Según parece, mi bisabuelo era un hombre trabajador. Estaba de novio con una buena chica y le había pedido que se casase con él. La muchacha había aceptado y, entonces, mi bisabuelo había comenzado a trabajar aún más duro para pagar las primeras cuotas de la que sería su casa conyugal y comprar los muebles del modesto hogar, el vestido de la novia y las demás cosas del ajuar.

Sin embargo, unas semanas antes de la boda, la novia se dio a la fuga (dicen las malas lenguas que huyó con un apuesto marinero escandinavo). Mi bisabuelo tenía todo preparado: la casa, los muebles, el templo, el vestido... sólo le faltaba la novia. Y se propuso encontrar una. ¿Qué más podía hacer? No iba a deshacer todos sus planes y echar por la borda tanto esfuerzo y dedicación. Ya estaba en edad de formar una familia.

Cuando una vecina se enteró de la situación de mi bisabuelo (lo que, como pueden imaginar, no tardó en suceder), decidió acercarse hasta su casa para comentarle que una familia que vivía allí cerca tenía siete hijas mujeres, todas casaderas. Siete: alguna tenía que gustarle.

Allí se dirigió mi bisabuelo; se presentó y habló con el padre de las muchachas para mostrar sus credenciales de hombre trabajador y de buena familia: futuro marido respetuoso y padre benévolo. Cuando el hombre estuvo convencido, se dieron la mano y el acuerdo estuvo sellado. Sólo faltaba un detalle, decidir con cuál de las muchachas habría de casarse. Pasaron entonces al salón donde la madre había preparado a sus hijas: todas arregladas y maquilladas, paradas en hilera, desde la mayor hasta la menor, listas para ser contempladas. Mi bisabuelo las inspeccionó de una en una, hasta que finamente señaló a una de ellas, la que más le gustaba, y dijo:

—Tú serás mi esposa.

Pero ni bien hubo terminado de decir la frase, reparó en algo de lo que no se había percatado antes: la muchacha era demasiado alta, mucho más que la mujer con quien había planeado casarse: el vestido no le quedaría. De modo que dijo:

—No, espera. Mejor tú.

Y señaló a otra de las hermanas, ésta de complexión más pequeña, y a quien el vestido de novia que ya le aguardaba le sentaría perfecto.

Así fue. Mi bisabuelo se casó con aquella mujer a quien eligió por este motivo que hoy nos parece tan banal y tuvo con ella seis hijos. La segunda fue mi abuela, quien juraba no haber visto nunca un amor como el de sus padres, y ofrecía como prueba de ello el hecho de que vivieron juntos hasta que su madre murió y que su padre, devastado por su pérdida, vivió tan sólo unos pocos meses más que su esposa.

## Ni suerte ni destino

De esta historia podemos desprender una de dos cuestiones. Podemos asombrarnos ante el inmenso poder del azar y decir:

—¡Qué increíble suerte que dos personas que encajaban tan bien se encontraran por algo tan insignificante como la talla de un vestido!

O, en cambio, podemos pensar que aquí hay algo más que la suerte.

Me inclino por esta segunda posibilidad, pero ¿qué otra cosa sucedió además del azar? ¿Cuál es el otro factor que entró en juego aquí, para que mis bisabuelos pudieran formar una pareja duradera?

Algunos sostendrían que no puede tratarse más que del destino:

—Estaba escrito —podrían decir.

Yo prefiero (y más aún: creo que es preferible) pensar que no se trata, tampoco, del destino. Explicar las cosas recurriendo a la noción de destino muchas veces conlleva a un facilismo:

—¿Cómo sabes que estaba escrito?

—Pues porque funcionó.

—¿Y si no hubiese funcionado?

—Pues estaba escrito que no debía ser.

El argumento se cierra sobre sí mismo (se conoce habitualmente como *falacia de regresión*) y, en consecuencia, no resulta muy válido. Ésta es la misma razón por la que me desagrada esa sentencia que se esgrime, al parecer, como defensa frente a todos los males: "Si sucede, conviene". ¿Qué tiene de conveniente que yo salga hoy a la calle y un camión me pase por encima? La verdad es que muy conveniente no lo veo.

—¡Pero no seas obtuso, Demián! —me dirán algunos.

Y uno especialmente malicioso podría agregar:

—¡Me extraña en un terapeuta...! Alguien supuestamente abierto a ver más allá de lo superficial.

—Pero te lo explicaremos —diría un tercero, condescendiente—: si no te hubiese sucedido eso, habrías sufrido un mal aún mayor... O quizá la vida está intentando enseñarte algo...

—Bueno —me dan ganas de contestar—, tanto si la vida está intentando salvarme de algún otro mal como si trata de darme una lección, la verdad es que podía haber elegido modos menos bruscos que atropellarme con un camión de doble redil.

—Pero es que no entiendes —insistirán los defensores de la sentencia—, no sirve de nada lamentarse por lo que ya pasó; de modo que más nos vale pensar que, al fin y al cabo, conviene.

—Lo entiendo —quisiera concluir yo—; pero el hecho de que sea un buen consuelo no lo convierte en verdadero.

Otra cosa es que digamos: "Todo lo que sucede tiene algo de conveniente" e intentemos entonces centrarnos en ello. Me parece fantástico que, dado que algo sucedió, tratemos de hacer con eso lo mejor que podamos; que no perdamos de vista los males que podrían haber ocurrido, pero no sucedieron; que consideremos los bienes que han venido con este mal y que extraigamos del suceso todas las enseñanzas que, sin dudas, éste puede dejarnos.

Con esto estoy absolutamente de acuerdo y, más aún, me parece una de las claves para llevar una vida sana y aliviarnos del sufrimiento. Pero de ahí a pensar que todo lo que ocurre es preferible a todas las otras posibilidades de lo que podía haber sucedido hay un salto demasiado grande. En la historia del mundo han sucedido, por ejemplo, una aterradora cantidad de genocidios y masacres: cientos de miles de vidas terminadas de forma absurda. No sé ustedes, pero yo no estoy preparado para aceptar que esas muertes eran convenientes...

La idea del destino trae otras complicaciones. La más peligrosa, posiblemente, es que nos *desresponsabiliza*: nada tenemos que ver nosotros con cómo conformamos nuestras parejas ni con lo bien o lo mal que la pasamos mientras duran; está todo designado por entidades cuyo poder y entendimiento excede el nuestro...

Me resisto a dejar en manos ajenas algo tan importante.

Si bien no puedo más que reconocer que hay muchas (muchísimas) cosas que escapan a mi control, me niego a entregar sin más las riendas de aquellos aspectos sobre los que sí tengo algo que decir o hacer... En particular, me resisto a pensar que mis acciones no tienen influencia alguna sobre el devenir del vínculo que mantengo con otra persona. Aun cuando esta influencia sea parcial o incluso minoritaria, es lo único que tengo a mi alcance, lo único sobre lo que tengo algún poder... de modo que más me vale centrarme en ello, en lugar de andar pensando en los diseños que otros tejen para mí.

Supongo que la cuestión de si existe el destino o no, será siempre discutible. Probablemente no pueda ofrecerse evidencia definitiva en un sentido ni en otro. Sin embargo, tengo la convicción de que, aunque haya un designio superior, un libro misterioso en el que todo está ya eternamente escrito, debemos descreer de él; debemos decidir siempre como si escribiéramos nuestra historia a cada paso y actuar cada vez como si el resultado dependiera enteramente de nosotros... Confiar demasiado en el destino conlleva el peligro de volvernos un poco holgazanes.

## Aprender a amar

No podemos responsabilizar al azar por el buen devenir de una pareja. Tampoco resulta conveniente adjudicárselo al destino. ¿Y entonces... de qué depende este devenir?

Habitualmente pensaríamos que la clave está en elegir a la persona indicada, pero la historia de mi bisabuelo apunta en otro sentido. Nos fuerza a suponer que el factor que buscamos no tiene relación alguna con la *elección* de aquel con quien voy a formar una pareja (puesto que la razón por la que mi bisabuela fue elegida es completamente banal). Debe ser algo que ocurre después de la elección y que tiene más que ver con el *cómo* nos relacionamos en pareja y no *con quién*. ¿Cuál es, entonces, ese otro factor que está más allá de la elección y que posibilita o impide el desarrollo saludable de un vínculo de pareja?

Para responder esta pregunta, recurriré a otra historia. Esta vez, una de ficción. Se trata de un fragmento de una película (quienes hayan leído *Mirar de nuevo* sabrán que es un recurso que utilizo a menudo, pues lo considero un medio valioso para ayudarnos a ver las cosas desde una nueva perspectiva): *El violinista en el tejado*. La película está inspirada en un musical y es un clásico para la comunidad judía. A través de sus personajes, retrata en forma muy perspicaz los diversos rasgos y modos de entender la vida de varios arquetipos de la cultura judaica: el padre, la madre, el rabino, la casamentera, el mendigo... Pero más allá de todo esto, *El violinista en el tejado* habla, a mi entender, de un momento de tránsito: de los matrimonios arreglados a los matrimonios elegidos.

Para abordar esta cuestión la película se centra en Thevie, un pobre lechero que vive en un pequeño pueblo perdido en algún lugar de Rusia llamado Anatevka. Thevie tiene cinco hijas; y eso, en un pueblo judío, a comienzos del siglo XX, es un gran problema: las mujeres no trabajan, de modo que Thevie tiene que mantenerlas a todas y, peor aún, tendrá que conseguirle marido a cada una de ellas. Tarea incierta esta última dado que, por su pobreza, Thevie no tiene dote alguna que ofrecer, con lo cual sólo le queda pedirle a Dios que los futuros esposos de sus hijas no sean una completa calamidad.

Dios parece escuchar sus plegarias porque envía para Tzeitel, la hija mayor de Thevie, un gran partido. El carnicero (quien, por supuesto, es el rico del pueblo) ha pedido la mano de la muchacha. Thevie arregla el matrimonio de su hija con el carnicero y vuelve a su casa para darle la gran noticia a la futura novia. Sin embargo, al oír los planes que tienen para ella, Tzeitel rompe en lágrimas. Le ruega a su padre que no la obligue a casarse con el carnicero.

—Seré infeliz toda mi vida —le dice.

Ella se ha comprometido en secreto con otro hombre, Motel, el sastre (quien, por supuesto también, no tiene un centavo). Thevie se debate entre la tradición y el pedido de su hija, entre un futuro asegurado y un deseo... ¿Sabe su hija lo que es mejor para ella? Finalmente acepta la petición de Tzeitel y le permite casarse con el sastre.

Más adelante, Hodel, la segunda hija de Thevie, se enamora de un judío reformista que está a punto de viajar a Moscú para tomar parte en la revolución. Cuando Thevie los ve acercarse tomados de la mano, ya sabe de qué se trata.

CONSTRUCCIÓN

—Ustedes creen que, como les di permiso a Tzeitel y Motel, se lo daré a ustedes, pero no lo haré.

Hodel responde de modo terminante:

—No venimos a pedirte permiso, padre. Nosotros vamos a casarnos. Pero nos gustaría tu bendición.

Esto golpea a Thevie como una bofetada. Se entiende: es una ruptura fundamental, un cambio de paradigma enorme. Entonces Thevie dice indignado:

—Al menos Tzeitel me lo rogó, imploró... pero tú vienes aquí y me dices que, me guste o no, te casarás. ¿Para qué quieres mi bendición? ¿Para hacer lo que tú quieras? —nuevamente Thevie se debate entre el viejo modelo y el nuevo; y, como antes, acaba cediendo y les da su bendición a los prometidos.

Sin embargo, a Thevie todavía le resta una tarea titánica: explicarle a su mujer, Golde, quien sí conoce las penurias de casarse con un hombre pobre, por qué ha permitido que sus hijas se casen con estos dos pelmazos.

Sin darse cuenta completamente de lo que está diciendo, Thevie se justifica:

—¿Qué podemos hacer? Ellos se aman —Thevie comprende de pronto el cambio fundamental que esto representa y dice—: Es una nueva era: la era del amor.

Entonces se le ocurre una pregunta que para todos nosotros que hemos nacido, crecido y formado parejas en esta *era del amor* puede ser obvia pero que, para él, en ese momento, es absolutamente novedosa:

—Golde... ¿tú me amas?

—¿Qué? —responde su mujer, a quien la pregunta le suena aún más extraña.

—Que si me amas —repite Thevie bajando la voz.

Golde se muestra molesta, tiene demasiadas cosas serias de

que ocuparse como para perder tiempo con las boberías de su marido.

—Mira con lo que sales ahora —le dice, bufando un poco—. Hazme el favor de no hablar estupideces y ayúdame a poner la mesa que ya es casi el Shabat.

Pero Thevie insiste, algo se ha despertado en él:

—Golde, quiero saberlo, ¿tú me amas?

—No lo sé, no lo sé —dice ella exasperada—. Con nuestras hijas casándose, con los problemas que tenemos, después de todo lo que hemos pasado, ¿por qué hablas de amor ahora?

—El primer día que te vi —explica Thevie— fue nuestro día de bodas. Yo era joven y estaba asustado...

—Yo también —dice Golde, ahora con suavidad.

—... pero mi padre y mi madre —continúa Thevie— me dijeron que aprendiéramos a amarnos el uno al otro. Y entonces ahora yo te pregunto, Golde, ¿tú me amas?

—Hace veinticinco años que duermo contigo, peleo contigo, como contigo... Hemos criado hijos juntos, hemos pasado hambre juntos... Si eso no es amor, ¿qué es?

—¡Entonces me amas! —dice Thevie, casi acusándola.

—Supongo... que sí —admite Golde.

—Y supongo que yo también a ti —concluye Thevie.

Es indudable que el tránsito de los matrimonios arreglados por las familias a los matrimonios elegidos por los futuros cónyuges ha sido un avance. Seguramente incontables vidas han sido rescatadas de una posible infelicidad conyugal. Sin embargo, creo que tal vez hayamos perdido algo en el cambio de paradigma.

¿Y qué es lo que perdimos?

Me parece que, al hacer tanto hincapié sobre la elección de la pareja, hemos dejado un poco de lado la idea de la construcción, la noción de todo el trabajo que es necesario para crear y sostener un vínculo tan amplio como el del matrimonio (o incluso el noviazgo). Al priorizar el amor como condición previa hemos olvidado aquello que los padres de Thevie insistieron en que él recordase de cara a su matrimonio: que también es posible aprender a amar.


## Elección y construcción

No estoy proponiendo un retorno a los matrimonios arreglados.

Dios no lo permita: ya imagino las hordas de enamorados enfurecidos, ondeando banderas con corazones entrelazados, agolpados a la puerta de mi consultorio para pedir mi escarnio en plaza pública. Tendrían razón. Yo tampoco lo hubiera aceptado jamás. Nunca me hubiera privado de escoger a la persona que elegí para ser mi compañera.

Tampoco propongo que formemos pareja basados en las cuestiones más insignificantes o disparatadas ("le pediré matrimonio a la próxima mujer que vea llevando un colgante de amatista"); ni que elijamos a cualquiera, al azar o al primero que pase, pensando que "lo mismo da, si de cualquier modo lo importante es el trabajo posterior".

Que el destino de una relación no dependa de elegir a *la persona* tampoco quiere decir que sea posible establecer una pareja sana con *cualquier persona*.

Alguna vez me crucé con un hombre que sostenía precisamente eso. Él había comenzado a salir con una mujer y yo cometí la ingenuidad de preguntarle si podía verse a sí mismo con ella en un futuro:

—Yo puedo verme con cualquiera —fue su respuesta.

—¿Cómo es eso? —le pregunté asombrado.

—Sí —continuó—, yo sé que nadie se adaptará perfectamente a mí, de modo que siempre habrá cosas que ajustar. Tengo mucha confianza en mi capacidad de generar acuerdos o de, llegado el caso, aceptar lo que no me guste del todo.

Todavía no he podido decidir si estaba un poco loco o absolutamente sano...

De cualquier modo, mi intención no es ir tan lejos. No reniego de la importancia de la elección. Me parece innegable que los rasgos, los modos habituales de conducta y vinculación, y la manera de ver el mundo en general de ambos integrantes de la pareja, tienen un rol fundamental en el rumbo que esa relación toma. Pero esto es sabido y nadie lo duda.

Por ello hago hincapié en el aprendizaje y en el trabajo que deberemos encarar una vez establecida la pareja. No porque niegue la influencia que la elección del compañero tiene, sino porque la construcción sucesiva es el aspecto que considero más descuidado.

Como suele suceder cuando uno quiere enfatizar un punto, a menudo tiende a diluir aquello que se le opone. Éste es el error que señalé en el tránsito de los matrimonios arreglados a los electivos y no quisiera cometerlo aquí en sentido inverso. Por ello, con lo que diga de aquí en adelante, pondré cuidado de no inclinar la balanza a favor de la importancia de la construcción por encima de la elección.

Respondo finalmente al interrogante que había dejado pendiente: lo que posibilitó que mis bisabuelos tuvieran una relación fructífera y duradera fue que hicieron un gran trabajo luego de haberse casado. Aprendieron a amarse y forjaron un vínculo (me gusta la palabra *forjar*: me remite a la imagen de una espada, de verter el acero fundido sobre un molde y luego trabajarlo con paciencia y cuidado sobre el yunque para que luego, al enfriarse, la hoja resulte afilada y precisa; quizás el proceso de *forjar un vínculo* resulte similar).

Mis bisabuelos tuvieron, es cierto, el camino allanado. Puesto que la elección del otro no era parte de la ecuación inicial, difícilmente ellos pensaron, frente a los conflictos inevitables del matrimonio, que el problema radicaba en que su pareja "no era *la persona para mí*".

Esta idea es una de las grandes trampas en las que las parejas de nuestro tiempo caemos con facilidad. Me atreveré a opinar que es también una de las causas del alto porcentaje de divorcios que existen en la actualidad. Lo que sucede es lo siguiente: si consideramos que lo fundamental de una buena pareja está en elegir a la persona *indicada*, cuando surjan problemas los adjudicaremos rápidamente a que *nos hemos equivocado* en la elección. Conclusión: hay que cambiar de compañero. Entonces nos separamos. Dada la premisa inicial de que lo importante es "elegirse bien", este razonamiento es inapelable.

Muchas personas se dan cuenta de que han estado viviendo bajo esta falacia apenas cuando, en su segunda o tercera pareja, se encuentran con las mismas dificultades con las que se habían topado en la primera y que habían adjudicado, de modo algo simplista, a su compañero. No son pocas las personas que dejan a su cónyuge para formalizar una relación con su amante, con quien "todo es distinto". Pasan por alto que esas diferencias no se deben a la persona con quien tienen una relación (cuando menos, no sólo a eso) sino al modo de relación que se ha establecido. Cuando el amante se transforma en la pareja "oficial", la relación comienza a adolecer de los mismos males que aquejaban al matrimonio que han abandonado...

Un hombre llegó a terapia porque tenía problemas con su tercera esposa y estaba a punto de divorciarse (por tercera vez).

Luego de algún tiempo de trabajo, descubrió que las dificultades que tenía con ella eran similares a las que había tenido con su primera esposa y con la segunda. Comprendió que muchas de ellas eran inherentes a cómo él concebía el matrimonio y que era eso lo que debía trabajar en lugar de seguir cambiando de *partenaire*. Decidió entonces no separarse. Algunas sesiones después, sin embargo, hizo una declaración dolorosa, pero que daba cuenta de que algo había cambiado en su modo de entender la pareja:

—La verdad, si hubiera sabido esto antes... ¡no me separaba de la primera!

¡Qué ironía!

Pero funciona así: los "darse cuenta" siempre llegan un poco tarde. Cuando por fin vemos algo que antes pasábamos por alto, notamos también las oportunidades en las que nos hubiera ido mejor de haber comprendido lo que ahora sabemos. Para ello no hay remedio pero, por supuesto, cuando entendemos algo evitamos continuar equivocándonos. Y eso no es poco.

Ahora que hemos establecido la importancia de la construcción del vínculo en una relación de pareja podemos pasar al siguiente punto que nos ocupará durante los próximos capítulos: ¿cómo se construye una *buena pareja*?

# CAPÍTULO 2

# Materiales

No se puede vivir del amor.

No se puede comer el amor,

las deudas no se pueden pagar con amor,

una casa no se puede comprar con amor.

Es tan fácil perder la razón,

no se puede vivir del amor.

ANDRÉS CALAMARO,

"No se puede vivir del amor"

Para construir algo es necesario saber, en primer lugar, cuáles son los materiales necesarios y, en segundo, comparar esa lista con lo que efectivamente tenemos.

Entonces ¿qué necesitamos para construir una buena pareja? O, dicho de otro modo, ¿cuáles son los elementos de los que está compuesta?

Si quisiéramos responder a esta pregunta partiendo del sentido común, es probable que todos coincidiéramos en que el amor tiene un papel central en la composición de una pareja. Seguramente también la mayoría afirmaríamos que el sexo tiene algo que ver... Más allá de esto, supongo, comenzarían las divergencias. Habría numerosos factores que mencionar: respeto, intimidad, acuerdos, gustos compartidos... Esta respuesta intuitiva contiene elementos de verdad, pero carece de sistematización y ello nos impide usarla como "receta" para determinar cómo elaborar una buena pareja.

## Los tres ingredientes

Una respuesta más adecuada no es, sin embargo, tan misteriosa como podría pensarse. De hecho, una vez expuesta, hasta pueda resultar evidente. La fórmula es bastante sencilla y precisa a la vez. *Una buena pareja reúne tres componentes: amor, pasión y proyecto.*

Para que el esquema que sigue sea más claro, le daremos una representación gráfica a cada uno de ellos:

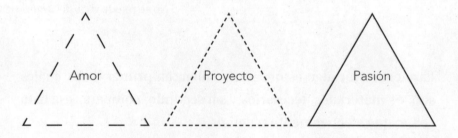

Estos tres componentes son independientes el uno del otro y, por ende, cada uno puede estar presente o no en una determinada relación. Una *buena pareja* es aquella en la que los tres componentes confluyen.

Si hacemos confluir los tres triángulos que representan estos "ingredientes" quedará delimitado un triángulo central donde podemos ubicar a la *buena pareja*. Así:

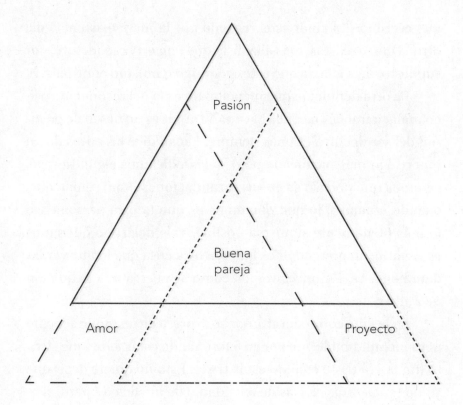

Cada uno de estos términos (amor, pasión, proyecto) ha sido utilizado, tanto de modo técnico como cotidiano, para referirse a distintas y muy diversas cosas. Por ello es necesario aclarar el sentido que les daré a lo largo del libro.

**Amor**

Existen múltiples y diversas definiciones del amor. Expondré aquí dos, que son mis preferidas. Ambas me parecen de una gran belleza y creo que, en el fondo, apuntan hacia el mismo sentido. La primera de ellas es la del terapeuta gestáltico Joseph Zinker que escribió: "El amor es el regocijo por la mera existencia del otro". Que tú existas, más allá de lo que hagas (y eso incluye, por supuesto, más allá de que estés conmigo o no), me pone feliz.

La otra definición que mencionaré es la del reconocido psicoanalista francés Jacques Lacan: "El amor es un deseo de plenitud del ser del otro". Como siempre, Lacan dice las cosas de un modo algo más intrincado pero, si le dedicamos algún tiempo, veremos qué preciso es en sus formulaciones. Aquí señala que, cuando amamos, lo que queremos es que la otra persona sea lo más plenamente sí misma posible. Vale decir: no queremos cambiarlo, no pretendemos que sea otra cosa que lo que verdaderamente es. Entonces vemos cómo se acerca a la definición de Zinker.

En la vida cotidiana el amor se expresa de un modo sencillo pero inconfundible: me pongo feliz cuando estás feliz y me siento (un poco) triste cuando estás triste. Esto no quiere decir que yo no tenga otras causas de felicidad o de infelicidad pero, si te amo, seguro que tu bienestar o malestar está entre ellas.

De acuerdo con estas definiciones, el amor es simple (lo cual no significa que no sea tremendamente poderoso). Todas las complejidades que se le adjudican no tienen que ver con el amor en sí mismo sino con otros sentimientos que frecuentemente lo acompañan.

Podemos reparar entonces en uno de los puntos más importantes del esquema de pareja que he expuesto: que el amor es sólo un componente. En otras fórmulas que se han propuesto (siendo la más conocida la Teoría triangular del amor de Robert Sternberg) el amor es el producto final de la conjunción de otros elementos.

Sostengo que el amor es un ingrediente de la receta y no su resultado. Esto nos lleva a otra conclusión clave: que el amor *no* alcanza para conformar una buena pareja. *Sí* es un componente necesario pero no suficiente.

Así lo comprueban tristemente quienes menosprecian el peso de los otros ingredientes y se entregan al consabido "Contigo, pan y cebolla" que lleva, la mayoría de las veces, al fracaso amoroso. Nunca mejor dicho lo de *fracaso amoroso*, puesto que se trata, efectivamente, de un fracaso del amor: no es causa suficiente para que un vínculo se sostenga.

No son pocas las ocasiones en que aquellos que terminan una relación de pareja, por salvar al amor como idea, acaban por adjudicarse ese fracaso a sí mismos (con el consecuente autorreproche: "Es que no fui suficiente") o al otro (con el consiguiente rencor: "Es que no quiso, no lo intentó, no me quería de verdad").

Habría que considerar que, en muchos casos, el amor pudo haber estado presente y, aun así, la separación haber sido lo mejor. Pues para armar un buen vínculo de pareja hacen falta además otras cosas que son de una índole totalmente distinta y que, en verdad, poco tienen que ver con el amor.

## Pasión

La pasión es esa emoción poderosa que nos moviliza con facilidad y nos atrae hacia el otro. Durante los primeros momentos de una relación, cuando estamos enamorados y no podemos pensar en otra cosa más que en el otro, lo que estamos sintiendo es *pasión*.

La palabra *enamorarse* es confusa, porque da la idea de que estaríamos en el campo del amor cuando no es así. El amor tarda en desarrollarse, la pasión puede ser instantánea (y también fugaz). La palabra que se utiliza en portugués para referirse al enamoramiento es más adecuada; se dice que se está *apasionado*. Queda claro, en ese caso, que se trata de una pasión, con las mismas características que tienen todas las pasiones: nos llevan, nos arrastran, nos absorben, perdemos la noción del tiempo y las horas parecen minutos. Las pasiones nos llenan de energía y nos brindan intensas satisfacciones (e intensos pesares también).

Sabemos que la pasión de los primeros momentos, aquella que siempre proviene de la idealización del otro, no dura demasiado (¡por suerte!, sería complicado vivir engañados respecto de quién es nuestro compañero). Pero, para conformar una buena pareja, es necesario lograr algún tipo de pasión que sea duradera entre nosotros o una que podamos convocar cuando así lo deseemos.

En mi opinión hay tres modos en los que la pasión puede estar presente en una pareja: *sexo, humor* o *admiración*. Lo bueno es que, en este caso, basta con que uno de los tres esté presente para que el componente pasional necesario esté cubierto. Si existen los tres o dos de ellos tanto mejor, pero con uno es suficiente.

El *sexo*, en su acepción amplia, que incluye también lo sensual y lo erótico, es el modo más frecuente de expresión de la pasión en una pareja. Mantener una sexualidad activa, en la que ambos puedan expresar lo que les agrada y ponerlo en práctica, sin pudores ni reservas, conlleva a que la pareja continúe vital y conectada.

Pero, como dije, no es el sexo el único modo de que haya pasión en una pareja. Muchas veces, la *admiración* de uno por el otro puede ocupar el mismo lugar y despertar una pasión similar. Puede admirarse la belleza del otro, su inteligencia, su coraje, su capacidad de disfrutar, su talento en un área particular. Cualquier rasgo es válido si nos despierta ese intenso magnetismo....

Por último, aun cuando haya desencuentros sexuales o cuando el otro no llegue a despertarnos admiración, todavía tendremos un recurso para apasionarnos juntos: el *humor*. Éste produce el mismo efecto de complicidad, de satisfacción y de vitalidad que cualquier otra pasión. Ejercitarlo, especialmente poniéndonos a nosotros mismos como objeto de risa, es fundamental para la continuidad de una buena pareja.

## Proyecto

El tercer ingrediente de una buena pareja es el *proyecto común*. Y con esto no me refiero a sumergirse en cualquier empresa conjunta y hacer de eso una especie de *atadura* que nos mantenga juntos "porque ahora tenemos un compromiso". No se trata de armar una colección compartida de estampillas, ni de proponernos un viaje, ni siquiera de comprarnos una casa.

Lo que verdaderamente es necesario para conformar una buena pareja es que los dos deseemos ir en la misma dirección. Cada uno de nosotros podrá, por supuesto, seguir teniendo proyectos personales, particulares y aun divergentes (hablaremos de esto a profundidad en los capítulos que siguen). Pero el concepto de lo que ambos esperan de *estar en pareja* y de hacia dónde quieren encaminar su vida en general debe tener gran parte de coincidencia o habrá, de modo inevitable, problemas.

Si yo quiero vivir una vida pacífica en el campo, alejado del consumo y de la vorágine, y tú quieres triunfar en la gran ciudad y vivir las luces y la noche de los antros de moda, por más que te ame, tendremos problemas para sostener una pareja. Si yo quiero convivir bajo el mismo techo y tener hijos, mientras que tú quieres que cada uno tenga su espacio, nos veamos "cuando podamos" y simplemente la pasemos bien juntos, el proyecto de la pareja estará severamente comprometido. Por más apasionados que estemos, por más profundamente que nos amemos, sufriremos. Y lo peor es que no sirve forzarse; cualquiera que renuncie o relegue en gran medida su proyecto para adaptarse y así salvar el vínculo, acabará resintiéndose con el otro, cargándole el peso de su propia frustración (aun cuando el otro no lo haya empujado en esa dirección). Para formar una buena pareja tendremos que prestar mucha atención a nuestros proyectos, a la dirección hacia la que queremos dirigir nuestras vidas y, también, a lo que escuchamos y percibimos de lo que desea quien está con nosotros.

### Parejas "no tan buenas"

Ahora que hemos definido los tres componentes que conforman una buena pareja, podemos detenernos en otras cuestiones que se desprenden del mismo esquema. Esto puede ser de utilidad, por ejemplo, para pensar qué sucede cuando alguno de los "ingredientes" falta.

Sternberg, a quien ya he mencionado, también se hace esta pregunta y establece, a partir de las distintas combinaciones, diversos tipos de amor: *amor romántico* (intimidad y pasión), *amor sociable* (intimidad y compromiso), *amor vacío* (sólo compromiso), etcétera.

La labor de Sternberg es encomiable; de hecho, intentaré el mismo ejercicio, pero a diferencia de él considero que no existen diversos "tipos de amor". El amor es uno solo; identificar el compromiso y llamarlo *amor vacío* es casi como llamar a la pasión *amor caliente*. Me parece que esto no genera más que confusión. Yo puedo tomar una naranja y decir que es un limón más rojizo y más dulce, pero me parece mejor decir simplemente que es una naranja. El compromiso es eso, *compromiso*; y la pasión, *pasión*.

La imprecisión proviene, nuevamente, del intento por sostener la completitud del amor en lugar de pensarlo como un simple componente. Cuando identificamos esto, entonces podemos ver que el amor puede formar parte de muchos tipos de vínculo y que, dependiendo de con qué lo combinemos, resulta un modo de relación distinta. No existe el *amor de padres* y el *amor de pareja*; el amor define en ambos casos la misma cosa (y por eso, de hecho, usamos la misma palabra). Lo que difiere son las otras cosas que puede haber en esos vínculos. Si tengo unos limones y los mezclo con harina, huevos y azúcar puedo hacer una tarta de limón, y si sólo les agrego agua y azúcar puedo hacer limonada... Pero los limones son los mismos, no hay "limones para limonada" y "limones para tarta". Con el amor sucede lo mismo: es un ingrediente más, no el producto final.


Volviendo a nuestro esquema y a nuestra intención, trataré de ubicar en él a las parejas en las que falta uno de los componentes básicos. Cada una de éstas corresponderá, en función de cuál sea el ingrediente que falte, a alguno de los tres sectores intermedios: el sector 1 (donde falta el proyecto), el sector 2 (donde falta la pasión) y el sector 3 (donde falta el amor).

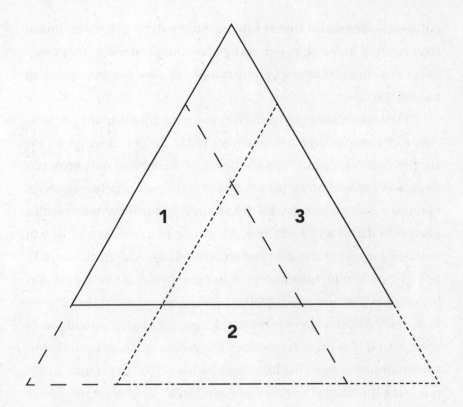

Creo que vale la pena el riesgo de simplificar para determinar un *tipo de pareja* para cada sector, dado que todas las que se ubiquen allí tendrán ciertas características similares y cierta problemática en común.

### Sector 1: parejas tormentosas

Podríamos denominar *tormentosas* a las parejas que se ubican en este sector porque alternan momentos de dichosa calma con momentos de gran turbulencia. Puesto que el *proyecto* o los ideales de uno y otro no se conjugan completamente, suelen tener profundos desacuerdos que los llevan con frecuencia al borde de la ruptura. Luego se reconcilian (muchas veces a través del sexo, pues pasión no les falta) o se conectan con el amor mutuo y deciden seguir adelante en nombre de ese amor... Pero no pasa mucho tiempo para que vuelvan a toparse con el próximo desacuerdo. Su desafío es poner sus proyectos y expectativas sobre la mesa para ver si logran delimitar un terreno común.

Me ocuparé con mayor detalle de los problemas del proyecto en el capítulo 7.

## Sector 2: parejas monótonas

La concordancia de *proyecto* y el *amor* que estas parejas tienen les brindan una gran estabilidad. Su problema, claro, es que se aburren un poco. Ninguno de los dos logra subyugar al otro lo suficiente como para producir admiración, no pueden entenderse a nivel sexual (o ya se han dado por vencidos) y no consiguen utilizar el humor como recurso. Se sienten a menudo aplastados por la rutina y asaltados por diversas fantasías que les sirven de *escape*. La generación de entornos novedosos y la inclusión de cierto *misterio*, acompañadas de una invitación al otro a participar, serán posiblemente caminos que estas parejas deberán recorrer para salir de su monotonía.

Trataré con mayor profundidad los problemas de la pasión en el capítulo 8.

## Sector 3: parejas dependientes

Las parejas que se ubican en este sector son, tal vez, las menos frecuentes de las tres, y también las de peor pronóstico, por decirlo de alguna manera, porque lo que les falta es amor hacia el otro. Lo que los mantiene juntos es, habitualmente, la necesidad. O bien se necesitan mutuamente (se trata del famoso: "No puedo vivir contigo, pero tampoco sin ti") o bien el otro es necesario para conseguir algún objetivo externo. La pasión que sienten a menudo se alimenta de la percepción de avance hacia su meta común o de la voracidad de no querer perderse. Por supuesto, en el medio, la falta de amor y de aceptación va creando rencores y resentimientos recíprocos, que se van guardando y enquistando puesto que, por lo común, carecen de intimidad y honestidad (pues ambas cualidades necesitan del amor como condición previa). Estas parejas necesitan trabajar, cada uno, en su autonomía para ir debilitando lentamente las dependencias y así comprobar si eligen realmente al otro. En contraste deberán trabajar también en la aceptación de la autonomía y la libertad del otro.

### Vínculos de dos componentes

Cuando falta alguno de los componentes de una *buena pareja* no siempre estamos en condiciones de generarlo. En ocasiones, simplemente, no existe entre nosotros (no hay pasión o no hay amor, o no hay concordancia en los proyectos).

¿Estamos condenados en estos casos a tener parejas disfuncionales, ya sean tormentosas, monótonas o dependientes? Estoy convencido de que no. Podemos todavía construir otro tipo de vínculo que no requiera del componente que nos falta.

Volvamos al ejemplo de los limones. Si tenemos limones, agua y azúcar, podemos hacer una deliciosa limonada. En cambio, si con los mismos ingredientes queremos hacer una tarta de limón, seguramente no saldrá muy bien. Faltan la harina y los huevos. A la limonada, sin embargo, no le faltan ingredientes. Cualquier déficit existe siempre en relación con las pretensiones que tenemos. De modo análogo, con determinados ingredientes vinculares podremos armar una pareja deficitaria o algún otro tipo de vínculo sano.

¿Qué tipo de vínculo sano puede reemplazar a las parejas insanas? Pues bien, eso depende de con qué ingredientes contemos. Cada combinación producirá un vínculo distinto (y, por ende, un esquema distinto).

Tomemos, para comenzar, el siguiente caso:

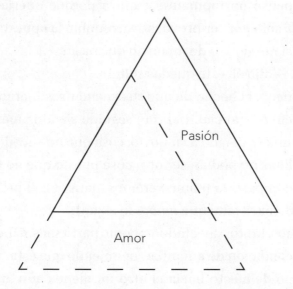

Éste es un caso muy frecuente. De seguro muchos de ustedes pueden adivinar cómo se denomina esta relación en la que confluyen la pasión y el amor. Ésta es la representación gráfica de los *amantes*.

Muchas personas confunden la relación de *amantes* con un encuentro casual en el que sólo hay sexo. No es el caso (ya veremos cómo se llama ese vínculo). Tampoco es la clandestinidad lo que define a los amantes; aunque eso sea usual, de ninguna manera es necesario.

Lo esencial de los amantes es que no comparten el proyecto.

Un lúcido muchacho que conocí me contó que, cuando tenía unos 20 años, estando él soltero y sin intenciones de dejar de estarlo, tuvo un corto romance con una chica que estaba en pareja. Un día ella le hizo la consabida pregunta:

—¿Qué somos?

Y él respondió:

—Somos amantes.

Ella pensó un momento y, quizá porque quería un poco más, quizá sólo por ser provocativa, redobló la apuesta:

—¿Y si me separo de mi novio qué pasa?

—Y... —dijo él—, te quedas soltera.

Vale decir, el hecho de que sus encuentros fueran clandestinos era circunstancial. Habrían seguido siendo amantes aunque ella hubiera dejado a su novio, cosa que no sucedió (¡nunca sucede!). Ellos no podían ser otra cosa puesto que no tenían un proyecto compartido (como veremos, para que el proyecto sea compartido hace falta que *ambos* lo elijan).

Muchos, tanto espectadores como partícipes, a menudo denigran la condición de amantes suponiendo que ésta no incluye ningún tipo de afecto hacia el otro ni, menos aún, momentos de profunda intimidad. Lo cierto es que la presencia de afecto e intimidad en la relación de amantes no sólo es posible sino que es lo más frecuente. Justamente porque, en contra de la opinión de los moralistas, incluye el amor. Por ello, conlleva la genuina preocupación por el bienestar del otro, el interés por su mundo y sus cosas, el deseo de su felicidad y la posibilidad de compartir y hablar de los mutuos sentimientos, opiniones y experiencias. De hecho, la experiencia clínica demuestra que no son siempre los encuentros sexuales intensos los que mantienen a alguien en una relación de amantes sino que, con igual frecuencia, son estos componentes amorosos los que resultan más atractivos.

He escuchado muchas veces a personas que, comparando a su amante con su relación estable, dicen:

—Es que con él (o con ella) puedo hablar.

Dejemos otra vez fuera los juicios morales (aunque sea por un rato) y aceptemos que el *amantazgo* puede ser fuente de satisfacciones profundas, así como resultar una relación significativa y enriquecedora en la vida de alguien.

Supongamos ahora esta combinación:

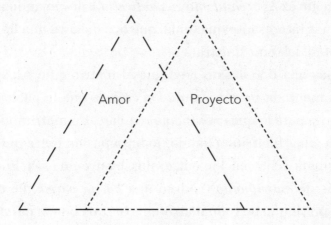

Es, con mucho, la más frecuente de todas las que estamos revisando. Tanto que está en la base de la que es posiblemente la forma más estandarizada de la relación de pareja: el matrimonio. No iré tan lejos como para decir que una relación que incluye amor y proyecto se denomina *matrimonio*, porque existen otros modelos de pareja que responden a la misma estructura (como los novios, por ejemplo).

Si ustedes están casados quizás, entre horrorizados y fastidiados, querrían preguntarme:

—¿Estás diciendo acaso que el matrimonio excluye la pasión? ¿Estás sosteniendo que no es posible tener buen sexo con la esposa o con el marido?

De ninguna manera. Vayamos poco a poco. En principio, convengamos que mantener una sexualidad satisfactoria dentro de una pareja estable no es tarea sencilla y que requiere de no poco trabajo. De hecho, la brillante psicoterapeuta belga Esther Perel, quien ha trabajado extensamente el tema, escribió un libro sobre el sexo en el matrimonio al que, con toda intención, tituló *Mating in Captivity*. Los timoratos editores de la versión en español llamaron al libro *Inteligencia erótica* (¡cuando la traducción es *Apareamiento en cautiverio*!), despojando al título de lo más interesante que tenía, que nos daba ya una idea de la dificultad del tema que trata.

Más allá de ello, no creo que el matrimonio excluya necesariamente la pasión. Lo que sí creo es que la pasión no es necesaria para lo que ese vínculo requiere. Un matrimonio puede funcionar bien aun cuando no haya pasión entre quienes lo conforman. Si hay pasión entre ellos, bienvenida sea. Entonces, además de *matrimonio* tendrán una *buena pareja*. Pero debemos admitir que no todo matrimonio es una buena pareja, en el sentido en el que la hemos estado definiendo (aunque puede ser un buen matrimonio).

A la combinación de *amor* + *proyecto* cabría llamarla: *familia*. De hecho, cuando una pareja ha perdido la pasión sexual, a menudo el modo que tiene de decirlo es:

—Ahora somos como dos hermanitos.

Si bien no creo que una pareja sin pasión sea lo mismo que un vínculo entre hermanos, creo entrever que la metáfora está motivada por la sensación de quienes conforman una pareja de mucho tiempo, con bastantes recuerdos compartidos y mucho afecto (amor) y un montón de cuestiones prácticas y planes en común (proyecto), siguen siendo (al igual que los hermanos) *familia*.

La combinación entre amor y proyecto produce un vínculo muy estable; sea o no por casualidad, el esquema lo refleja con una base sólida y una imagen que recuerda a las montañas. Hablar de *familia* también nos da una idea de lo importante que es este vínculo (y la persona que ocupa ese lugar) en nuestras vidas. Desestimar el valor de una relación que incluye estos dos componentes sólo porque no contiene el elemento pasional me parece una ingenuidad o, peor aún, una necedad. Más aún cuando la pasión es, de los tres ingredientes de la pareja, el más difícil de generar en forma deliberada.

De las posibilidades que surgen al combinar dos de los tres elementos, nos resta la siguiente:

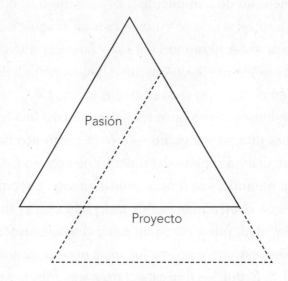

La combinación de *proyecto* + *pasión* es la que presenta mayor dificultad, tanto teórica como práctica.

Primero, porque no parece una combinación demasiado lógica y por ello resulta difícil imaginar cómo son estas relaciones.

Lo segundo, porque es un vínculo en el que, por definición, no hay amor de por medio, y eso tiene algún potencial tóxico. Recordemos que estamos tratando de definir relaciones sanas. De hecho, fue bastante difícil hallar un nombre para este tipo de vínculo, aunque debo confesar que estoy muy conforme con el que acabé por encontrar. A mi parecer, este vínculo se denomina *cómplices*.

Los cómplices tienen un objetivo y una meta en común (un proyecto), algo por lo que trabajan codo a codo y colaboran. Este proyecto es el que los apasiona. Esa pasión por lo que persiguen se traslada a su vez hacia su compinche.

Un político y su esposa, que ya no se aman pero que deben mantener las apariencias por el bien de la carrera política de ambos y se regocijan mutuamente por ese avance, pueden constituir un ejemplo de complicidad. Del mismo modo, una joven aspirante a estrella que se vincula con un magnate que puede ayudarla a acceder al mundo del *show business* mientras que él goza de los aires que le da pasearse con tamaña belleza, también pueden pertenecer a esta categoría.

Puede haber buena química sexual entre ellos (una buena imagen para una pareja como ésta es la de ambos haciendo el amor en una cama repleta del dinero que acaban de conseguir juntos) y, a menudo, se admiran mutuamente. Sin embargo, no hay interés en el otro más allá de que cada uno es funcional al objetivo del otro, pues, como dijimos, el amor no forma parte del vínculo. Y esto, vale aclararlo, no es necesariamente insano ni inmoral. Si lo que los une está claro para ambos, entonces no tienen por qué salir lastimados de la relación. Una vez que las metas se hayan cumplido, seguramente el vínculo se disolverá, pues lo más seguro es que la pasión no sobreviva a ello (ya hablamos de la fugacidad de la pasión...).

## Vínculos de componente único

Existen también vínculos sanos compuestos por uno solo de los ingredientes de nuestra "fórmula". Es decir, aquellos vínculos en los que sólo es esencial el amor, o la pasión, o el proyecto.

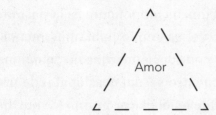

La relación en la que el único componente esencial es el amor, entendido como lo definía Zinker (como el regocijo por la mera existencia del otro) a mi entender se llama: *amistad*.

Creo que los amigos son eso: personas cuya mera existencia nos hace felices. De hecho, debido a que no hay otros componentes en la relación de amistad más allá del mutuo afecto, a los amigos suele querérselos bien. Es más fácil querer a los amigos que a las parejas o, incluso, a los familiares. A los amigos rara vez se los cela o se los resiente por sus decisiones o gustos diversos. Se les acepta como son con mucha más naturalidad. Cuando nos propongamos saber cómo es un buen amor, miremos hacia nuestras amistades. Si tratáramos a nuestras parejas como tratamos a nuestros amigos tendríamos menos problemas, padeceríamos menos y causaríamos menos sufrimiento.

El vínculo en el que el único componente es la pasión se denomina *aventura*. Éste es el caso que habíamos mencionado al hablar de los amantes y que decíamos que no debíamos confundir. Se trata de un encuentro sexual ocasional o de unas pocas veces, que está sostenido en el placer mutuo (lo que hoy en día se llama, cotidianamente, un "touch and go"). Por las propias características de la pasión, las aventuras son intensas pero (como bien lo evidencia la expresión en inglés) fugaces: en cuanto la pasión comienza a disminuir nada sostiene el vínculo y por ello tiende a la disolución.

Muchas veces las aventuras pasan sin pena ni gloria en la vida de una persona pero, en algunas ocasiones, cobran un significado mayor por lo que ese encuentro ha representado para alguien, aunque el otro (aquel con quien lo tuvo) tenga poco o ningún lugar en su vida actual.

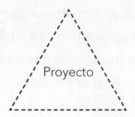

El último de los vínculos que nos ocupa en esta categorización es aquel compuesto meramente por un proyecto. El título más adecuado, a mi entender, para esta relación es el de *socios*.

Compartimos una tarea que hemos emprendido y eso es lo único que nos une esencialmente.

Algunas parejas pueden llegar, si la pasión desaparece y si el amor se ha desgastado a lo largo de los años, a convertirse meramente en socios. Sólo les queda un proyecto común. En este caso tampoco debemos condenar moralmente ni menospreciar este vínculo sólo por su alcance limitado. Si ambos integrantes entienden lo que comparten y lo que no, y, en consecuencia, saben qué esperar el uno del otro, el vínculo no tiene por qué ser insano, maligno o indigno.

## La pareja *multifunción*

Coloquemos ahora todos estos vínculos sanos en nuestro esquema inicial. Quedaría así:

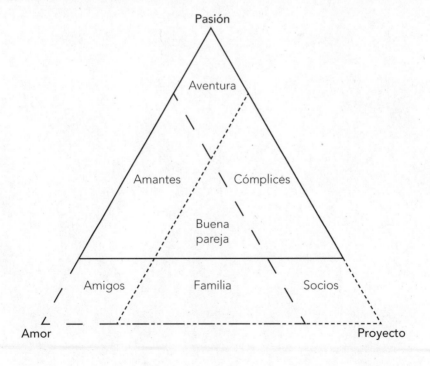

Es interesante comprobar que, dado que contiene todos los ingredientes con los que se forman los otros vínculos, una *buena pareja* tiene la potencialidad de funcionar en cualquiera de las otras modalidades. Dicho de otro modo, si somos *pareja* podemos también ser: familia, amantes, cómplices, amigos, socios y compañeros de aventura.

Poder recurrir, de acuerdo con lo que necesitemos en cada momento, a estos diversos modos de funcionamiento, es una de las claves para sostener una pareja a lo largo de los diversos contextos que una vida juntos necesariamente atravesará.

# CAPÍTULO 3

# Estructura

*You say:*

*love is a temple,*

*love is a higher law.*

*You ask me to enter,*

*but then you make me crawl*

*[...]*

*We are one,*

*but we are not the same*

(Dices:

El amor es un templo,

el amor es una ley superior.

Me invitas a entrar,

pero luego me haces arrastrarme

[...]

Somos uno,

pero no el mismo.)

U2, "One" ("Uno")

Una vez que hemos tomado la decisión de construir un vínculo y que hemos constatado que contamos con los materiales

necesarios, nuestro siguiente paso será definir qué forma le daremos. Esto es lo que en el rubro de la construcción o la ingeniería constituyen los planos y lo que, más genéricamente, recibe el nombre de *estructura*.

La estructura de una pareja nos habla de la relación entre sus integrantes (cómo se articula una "pieza" con la otra) y da lugar a la dinámica, es decir: cómo *funciona* ese vínculo (qué sucede cuando las piezas se ponen en movimiento).

Establecer la estructura de una pareja consiste, fundamentalmente, en demarcar los espacios personales así como los compartidos. Dicho de modo más sencillo, se trata de definir qué cosas compartimos y cuáles no.

Esta cuestión, además de ser clave, suele ser muy problemática. A menudo genera conflictos y tensiones dentro de la relación. Existen ciertos ideales culturales muy extendidos que, de algún modo, juegan en contra de la posibilidad de establecer acuerdos respecto de este punto.

### La estructura básica

Una sentencia bastante sencilla, pero a su vez valiosa, reza: "Una buena pareja se forma de tres". Y no se trata de que nos hayamos puesto libertinos de pronto. De lo que se trata es que debe haber espacio para tres instancias separadas y separables: él, ella y la pareja (vale recordar aquí que utilizaré las denominaciones *él* y *ella* por razones prácticas, pero que bien podría tratarse de dos *él* o dos *ella*).

Retomando la cuestión, podríamos ilustrar este concepto con un simple diagrama que ya se ha vuelto casi un clásico. El modelo de una pareja saludable es algo parecido a esto:

No debemos confundir este diagrama con los del capítulo anterior, en los que se trataba de una fusión de ingredientes o materiales. Aquí hablamos de una estructura, de una forma de acomodar los elementos; podemos ver en la figura que quedan delimitados tres espacios a partir de dos iniciales.

El espacio compartido es el que constituye verdaderamente la pareja, pero podemos notar que también queda un espacio de *ella* que no lo incluye a *él* y un espacio de *él* que no la incluye a *ella*. En la práctica cada uno de estos espacios se traduce en tiempos, actividades y asuntos. Es decir: habrá tiempos compartidos y tiempos para cada uno, habrá actividades que realizan juntos y actividades individuales, habrá asuntos que pertenecen a la pareja y otros que incumben sólo a uno de ellos.

## Primeras dificultades

Así dicha, la cosa parece ser bastante sencilla. Con frecuencia, sin embargo, dista de serlo. Muchas veces nos sentimos amenazados o relegados por todas aquellas cuestiones que nuestro compañero no comparte con nosotros. Creemos que eso implica que nos quiere menos o que no somos tan importantes para él o ella. Cuando nos dejamos llevar por estos sentimientos, entramos en competencia con sus *otras cosas*. La expresión máxima de esta postura es el consabido: *eso o yo*, pero también hay un sinfín de maneras más sutiles de desgastar ese otro espacio que nuestra pareja tiene y que nos amenaza: criticar esa actividad o a esa persona, menospreciarla, denostarla... todo, por supuesto, bien amparado en argumentos supuestamente muy razonables:

—Deja de una vez los videojuegos, son cosa de niños.

—No sé para qué sales con tus amigas, hablan tonterías todo el día.

—¿Vas a ir otra vez a la casa de tu mamá? ¡Corta ya el cordón umbilical!

—¿Qué haces maquillada así? ¿Qué es lo que buscas con eso?

Sostener estas posturas, sean en su vertiente explícita o de forma más insidiosa, es un grave error, pues nos deja en una situación sin salida. Si nuestro compañero mantiene aquellos ámbitos o actividades que le criticamos nos sentiremos menospreciados o ignorados. Por el contrario, si el otro cede esos espacios para "demostrarnos" su amor, seguramente acabará sintiendo rencor hacia nosotros, puesto que lo hemos obligado a dejar algo que le interesaba. La única salida es comprender que cada quien no sólo tiene derecho a realizar actividades y asuntos que no desea compartir con el otro, sino que eso es sano.

También vale, ciertamente, poner algo de responsabilidad del otro lado: en quien recibe este tipo de demandas y las consiente. La ocasión amerita una fórmula casi universal, de las pocas que pueden sostenerse sin convertirse en necedades: "Frente a la demanda *¿eso o yo?*, elige siempre *eso*":

—Me tienes cansado con el baile. Elige: ¿el baile o yo?

—El baile.

—¡Claro! ¡Te importa más el baile que yo!

—De ninguna manera, pero el baile no me hace elegir entre él y tú.

Y esto no es sólo un astuto giro discursivo; es la expresión de que una demanda que nos exige abandonar algo que nos interesa no es otra cosa que un signo de desamor. Volveremos sobre esto en el capítulo 5 para decir algunas cosas más.

## La media naranja

Como dije, existe un ideal cultural que juega decididamente en contra de que nos familiaricemos con la idea de los espacios personales dentro de la pareja. Se trata de la conocida idea de *la otra mitad*:

—¡Es tu media naranja! —le dice entusiasmada una amiga a otra al conocer a su nuevo novio con quien percibe una gran compatibilidad.

Una versión más refinada de la misma idea es la de las *almas gemelas*, dos partes de una misma unidad que se buscan por el mundo, vagando incompletas hasta que se encuentran una con la otra. Este tipo de concepciones proponen un modelo de pareja en el que sus integrantes dejan de existir en forma independiente para conformar una nueva entidad. Él y ella no existen más, sólo existe la pareja:

—Ahora somos uno —podrían decir.

Si bien este estado es (afortunadamente) imposible de alcanzar, muchas veces sí funciona como horizonte para ciertas parejas; se convierte en un ideal hacia al que hay que dirigirse. El resultado suele ser el siguiente:

Él y ella retienen algo de espacio personal, pero es mínimo. Las parejas que adoptan este tipo de estructura tienen buenas intenciones: intentan ponerse de acuerdo en todo, compartir lo más que puedan y, especialmente, saber todo de la vida de su pareja y contar todo de la propia. Creen que de eso se trata el amor, pero acaban sufriendo de un síntoma cardinal: la asfixia.

—Me ahoga —suelen decir.

Pero no se trata de que el otro los ahogue sino de que hay poco aire entre ellos: están demasiado cerca. Su ser individual ha sido *tomado* por la pareja.

Es cierto que existen momentos de comunión en una pareja y que pueden ser experiencias muy placenteras y profundas, pero si en lugar de aparecer en forma efímera, la amalgama se convierte en el modo habitual de funcionamiento, lo más seguro es que ambos terminen sintiéndose encerrados y empobrecidos.


## La pareja *free*

Como respuesta a esta problemática, la posmodernidad nos ha traído un nuevo tipo de pareja, la cual en ocasiones sus propios integrantes denominan *free*. Podríamos ilustrar este modo de relación más o menos así:

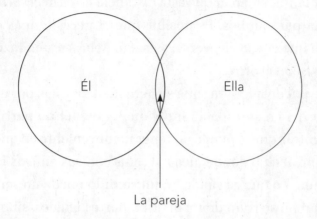

Este modelo de pareja es, a mi entender, considerablemente mejor que el de la media naranja: al menos no se invaden el uno al otro y los espacios que comparten, si bien escasos, pueden ser disfrutables, verdaderos y valiosos.

Sin embargo, es indudable que también se pierden cosas: las posibilidades de proyectar hacia el futuro se ven severamente comprometidas. También les es difícil acompañarse y sostenerse en momentos críticos, puesto que estas situaciones suelen exceder el espacio que le han conferido a la pareja.

### ¿Cuán lejos? ¿Cuán cerca?

Llegamos así a una pregunta muy importante: ¿cuánto espacio debe tener la pareja y cuánto cada uno de los individuos que la forman? Dicho de otro modo, ¿cuánto deben intersectarse estos dos círculos? ¿Qué tan cerca es demasiado cerca? ¿Cuán lejos es demasiado lejos? No hay una respuesta universal a esta pregunta;

cada pareja debe encontrar el punto en el que se sientan cómodos, el equilibrio en el que no se sientan asfixiados ni distantes. Es importante remarcar que esta distancia no es necesariamente la misma para ambos. Es posible que él necesite más espacio personal que ella, o viceversa; y ésa no debe ser una razón para ofenderse con el otro.

Ella puede necesitar que su actividad de yoga, por ejemplo, permanezca en su espacio individual y que él no participe en ella, mientras que él puede no tener inconveniente en que ella lo acompañe al club donde juega al tenis con sus amigos los fines de semana. Lo que es válido en un sentido puede no serlo en el otro. Aquí no se trata de repartir en partes iguales, sino de respetar lo que cada uno necesita. En modo gráfico sería algo así:

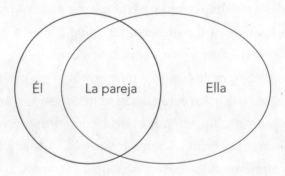

Esta estructura no es menos sana que aquella primera en la que los círculos se intersectan de modo perfectamente simétrico. Él no tendría por qué guardar rencor hacia ella. Si está conforme con el espacio personal que tiene, si no considera que hay cosas que no puede realizar por "dedicarle más" a la pareja, no habría razón para sentirse mal. El hecho de que la pareja ocupe más espacio proporcional para él que para ella es sólo motivo de malestar si él pone en juego una cuestión de orgullo:

—¿Qué clase de hombre dedica más atención a la pareja que su mujer? ¿Qué soy? ¿Un mandilón? ¡Jamás!

No debemos convertir esto en una cuestión de poder, de dignidad o de dilucidar quién ama más a quién. De lo que se trata es que ambos se sientan holgados en sus vidas personales sin perder el apoyo y enriquecimiento que brinda la presencia del otro.

## Una forma peligrosa

Sí vale notar la diferencia entre el esquema anterior y el siguiente:

Éste es un caso totalmente distinto. Y no porque él tenga *más* espacio que ella, sino porque aquí la estructura se ha modificado radicalmente: ella ya no tiene espacio personal. Él tiene una vida por fuera de la pareja, ella no. Ya no hay tres instancias, sino dos.

Podríamos imaginar una conversación casual donde alguien dice, alabando un supuesto gran amor:

—Él es todo para ella.

¡Alerta! Si para ella él es *todo* quiere decir que ella no tiene otra cosa. Ésa es una situación de mucho cuidado porque el nivel de dependencia que genera es tremendo. Y ya se sabe:

cuando algo de lo que dependo amenaza con retirarse pierdo un poco la cabeza puesto que resulta un peligro para mi integridad y no puedo permitirlo.

Se podría pensar que ésta es la estructura detrás de ese fenómeno, tan común en las relaciones de pareja, que habitualmente se denomina como *sometimiento*. Aquel cuyo espacio personal ha sido coartado termina en posición de sometido.

La misma frase esconde una segunda acepción que develaremos usando una puntuación ligeramente distinta y que resulta tan tóxica como la primera. Sería algo así:

—Él es: todo para ella.

Aquí, el sentido es que *todo* él es para ella. Él no es otra cosa que lo que es para su mujer. Los papeles se han invertido y el sometido ahora es él.

Me parece que esta superposición de significados no es banal, pues creo que ambos enunciados se presentan en la misma dinámica. Si el *sometedor* necesita dominar y controlar al *sometido* es porque tiene una gran dependencia de él o ella.

Prueba de ello es que muchas conductas violentas suelen aparecer frente al intento del sometido de dejar la relación (el sometedor no puede vivir sin él) o frente a lo que él siente como desprecio o desvalorización (no puede vivir sin el aprecio de su compañero). Es paradójico pero creo que, en muchas ocasiones, la violencia termina siendo un modo desesperado de buscar el amor de aquel a quien se acaba agrediendo:

—No soporto que no me ames.
—No tolero que puedas vivir sin mí.
—Tendré tu amor como sea...
—Así tenga que amedrentarte...
—Aunque tenga que lastimarte.

## La pretensión de ser único

Para mantenernos lejos de estos extremos, así como para sostener una pareja sana, que no caiga en la asfixia ni en el control, es fundamental desembarazarnos de una ilusión que es al mismo tiempo (por raro que esto parezca) inevitable y absurda. Me refiero a la expectativa de que nuestra pareja no tenga otro objeto de amor que no seamos nosotros.

Digo que es inevitable porque, muy posiblemente, todos hemos tenido en algún momento de nuestras vidas la pretensión de ser amados de esta manera (con un amor que lo abarque todo, que excluya cualquier otro interés).

Algunos dicen que se debe a que en algún momento fuimos amados así, por nuestra madre, casi con seguridad, y que todos anhelamos volver a aquella experiencia tan satisfactoria... Hoy en día yo pondría en duda esa afirmación, pues creo que ni siquiera una madre puede sostener que "no necesita otra cosa" que a su hijo (ni qué decir ya si tiene más hijos, caso en que está claro que el amor por un hijo no excluye el amor por otro). Otros apuntan a una experiencia más temprana, intrauterina por ejemplo, en la que fuimos *uno* con otro (nuevamente con la madre). Éste sería el retorno que anhelamos y aquello que nos empuja a buscar ser todo para el otro. Por último, otros proponen que esa experiencia de satisfacción plena que pretendemos al buscar un amor cabal es una experiencia mítica (es decir: que nunca sucedió), pero que aun así perseguimos, como a una quimera que se nos escapa una y otra vez...

Sea por la razón que fuere, y por más universal que resulte la pretensión, la adultez debe llevarnos a la conclusión de que se trata de una expectativa absurda.

La idea de satisfacer, sólo yo y yo solo, todas las necesidades de mi pareja (o de cualquier otra persona) es, a todas luces, pretenciosa. Pensar que puedo portar todos los rasgos o adaptarme precisamente a cada cosa que mi compañero requiera o desee es ingenuo (porque el espectro de las *cosas* que una persona necesita o desea es inmenso).

Muchas personas creerán que esto es obvio y pensarán que no tienen esta pretensión, pero, a menudo, comentarios cotidianos o angustias repentinas delatan que está allí: ella no es completamente feliz en la vida matrimonial y se lo hace saber a su pareja. Angustiado, él lo relata en una sesión de terapia:

—Me duele porque eso quiere decir que yo no le alcanzo.

Si esto le causa dolor es, evidentemente, porque antes creía que sí le alcanzaba, que cubría todas las expectativas de ella. ¡Una locura!

Veamos otra situación, en la que se trasluce la misma expectativa (aunque esta vez de modo más sutil.) Él quiere salir con sus amigos. Ella se enoja, considera que sale demasiado.

—Prefieres a tus amigos que a mí —sentencia ella.

Y él responde:

—No, mi amor, sabes que te quiero más a ti. Lo que pasa es que es el cumpleaños de Guille...

La conversación parece inocente, pero es bastante nefasta porque sostiene, de ambos lados esta vez, la expectativa del amor unívoco. Ella se ofende con que él prefiera a los amigos: o sea, pretende ser siempre la preferida. Y él... cabeza de chorlito, le conserva la expectativa:

—¡No! —le asegura—. ¿Cómo puedes pensar eso?

¡Cómo no pensarlo! ¡Sí! ¡Prefiere a los amigos! En ese momento los prefiere; si la prefiriera a ella, se quedaría con ella. Ella tiene razón, es exacta su observación (no así su reclamo)...

Pero él quiere sostener que ella siempre está primero y por eso, invariablemente, vienen después las aclaraciones destinadas a establecer que, si él no la elige, es por causa de fuerza mayor:

—*Tengo que* ir porque es el cumple de Guille...

—*No puedo* quedar mal...

—*Ya* me comprometí...

Los hombres (en general son ellos) intentan convencer a sus parejas de que no tienen otros intereses, sólo obligaciones. Las mujeres (en general son ellas), más perspicaces, les muestran todo el tiempo que sí ha habido una elección:

—*Podrías no ir* porque Guille no vino a tu cumpleaños...

—A ellos no les importa si vas o no...

—Les dices que tienes un compromiso conmigo y ya...

Aciertan en ello, pero yerran cuando los acusan por elegir en el otro sentido. La conversación, si él estuviera mejor ubicado, debería, a mi gusto, ir más o menos así:

—Prefieres a tus amigos.

—Sí, para jugar póker los prefiero a ellos.

—Prefieres jugar póker que estar conmigo.

—En este momento sí.

—Entonces no me amas.

—Estás equivocada. Te amo y amo jugar al póker con ellos también.

## ¡Puede vivir sin mí!

En estos casos en los que no se tolera que el compañero tenga otros intereses u otros vínculos importantes se habla a menudo de *posesividad*. Sospecho, sin embargo, que poseer al otro no es lo que en verdad queremos.

Lo que aterra no es tanto perder a mi pareja sino, por el contrario, que él o ella pueda perderme a mí. Las más de las veces, el problema no es que yo extrañe mucho a mi esposa si se va al cine; el problema es que ella... no me va a extrañar a mí. ¡Eso sí que es difícil de soportar!

El caso en el que esto se evidencia mejor es el de las exparejas. Un hombre va por la calle e, inesperadamente, se cruza con su exnovia a quien no ha visto y con la cual no ha hablado durante el último año. Ella va de la mano con otro hombre. A él, de pronto, algo se le retuerce en las entrañas... Allí empiezan las dudas. ¿Qué significa esta sensación? ¿Será que aún la ama? ¿Debe intentar recuperarla? En absoluto: durante un año no pensó en ella ni le interesó acercarse... ¿justo un día la ve con otro y se da cuenta de lo que siente? De ninguna manera. Él no quiere estar con ella, quiere que ella no esté con otro. Así de sencillo, así de cruel.

La misma situación se presenta de diversos modos. Una amiga le comenta a otra:

—Vi a tu ex.

—¡Ah! —dice la aludida un tanto incómoda—. ¿Y cómo está?

Si la amiga responde: "Está muy bien, lo vi fantástico", por lo común la reacción no es muy agradable, genera inquietud y cierto malestar. En el horizonte se perfilan dos alternativas: o ella quiere volver con él o él es un hijo de puta...

Si, en cambio, la amiga responde: "Lo vi muy mal, está hecho una piltrafa", entonces ella se queda tranquila. Todo está en orden y puede seguir hablando de ese otro muchacho que le interesa ahora...

En ocasiones, el empuje de este malestar es tan grande que consigue que una pareja se reconcilie. Cuando esto ocurre, como es de esperar, al poco tiempo vuelven a surgir las incompatibilidades o desacuerdos que rompieron la pareja por primera vez, y vuelven a separarse. Así suelen generarse verdaderos círculos de separación-reconciliación que pueden repetirse innumerables veces. Los que se encuentran en esos circuitos podrían expresarlo así:

—Cuando estamos juntos no te soporto, pero cuando estamos separados pienso todo el día en ti.

Como es lógico, debemos escuchar más lo que nos sucede cuando estamos con el otro que cuando estamos sin él. La consabida sentencia de que "sólo valoramos algo cuando lo perdemos" es tan falsa (yo no necesito perder mi trabajo para saber cuán importante es para mí) como dañina, y por ello habría que abandonarla decididamente.

En todos los casos que hemos venido discutiendo, lo que no toleramos es la patada al orgullo que significa que nuestra pareja pueda vivir bien sin nosotros (o pueda vivir con otro igual que vivía conmigo, que es lo mismo). El genuino deseo de estar con el otro poco o nada tiene que ver con estas vueltas o con estos anhelos.

Comprobar (y recordar a menudo) que no somos únicos ni irreemplazables en la vida de nuestras parejas es un hito fundamental para mantener un vínculo sano. Puede que ésta sea una comprobación dolorosa, pero cuanto antes la atravesemos, mejor.

En la afamada serie norteamericana *Friends*, uno de los personajes (Joey) es un actor que tiene mucho éxito con las mujeres. En un episodio, Joey invita a pasar la noche en su departamento a una chica algo recatada, pero también interesada en su carácter de "estrella". Mediante una confesión y con algo de timidez, la invitada le dice a una amiga, que conoce mejor al actor:

—Joey me invitó a pasar la noche en su departamento... Te hago una pregunta: ¿hace eso con muchas chicas?

—Sí... —responde la otra—, con muchas, muchas, muchas chicas.

—¡Ah! —dice la invitada con aparente decepción, para luego concluir con un pequeño aplauso—: ¡Y yo soy una de ellas!

Bromas aparte, *ser una de ellas o de ellos*, es decir, una de las personas con las que alguien ha decidido estar en su vida, no está tan mal. Indudablemente son más los que están en la otra lista: en la de las personas con las que alguien no estuvo ni estará jamás. Para cualquiera de nosotros, son infinitamente más las personas que rechazamos que las que elegimos. De modo que, aun para nuestro orgullo, si nos viéramos forzados a ponerlo en juego, estar entre *los elegidos* debería ser suficiente como para además andar pretendiendo ser *El elegido* o *La elegida*.

## Las dos leyes

Si todo esto nos ha convencido y aceptamos que, por el bien de nuestra pareja, debemos respetar estas tres instancias, quedaremos frente a una pregunta de gran importancia práctica: ¿cómo decidimos qué cosas van en el espacio personal y cuáles en el de la pareja? ¿Cómo establecemos acuerdos sobre ello?

Cada pareja deberá realizar el trabajo de demarcar y definir los límites de estos espacios. Es una labor que se debe hacer paso a paso, campo por campo, en la medida en que cada uno, por separado, o ambos, en conjunto, se encuentren con las diversas situaciones. Asimismo, esta delimitación deberá ser reevaluada en la medida que las circunstancias de la pareja y de la vida de cada individuo vayan cambiando. Es muy posible que estos acuerdos no sean sencillos y lleguen a ser motivos de discusión, pero éstas serán controversias que bien valdrá la pena tener. Es fundamental para establecer una relación de pareja sustentable que ambos tengan claro cuando están en un terreno o en otro.

A modo de orientación para estas discusiones ofreceré dos *leyes*. En el espacio de la pareja propiamente dicha rige la que he dado en llamar la regla 1 o de la *necesidad*, y en ambos espacios personales la que he llamado la regla 2 o de la *suficiencia*. Así:

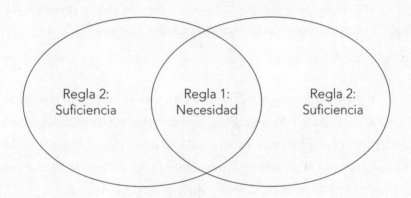

Enunciemos entonces estos dos principios:

**Regla 1.** Para que algo esté en el espacio de la pareja es *necesario* que ambos decidamos ubicarlo allí. Basta con que uno de los dos no esté de acuerdo para que ese algo quede fuera del espacio común: no puede forzarse al otro a que comparta lo que no quiere compartir. Ése es su derecho.

Otro modo de formular esta regla es decir que *en el espacio compartido gana el "no"*:

—¿Vamos al cine?

—No.

No vamos (puesto que, para ir, tendríamos que querer ambos).

**Regla 2.** Con los espacios personales sucede lo contrario que con los compartidos: es *suficiente* con que uno de los dos decida ubicar algo en su espacio personal para que eso sea aceptado. Yo no puedo decirte que "no hagas" tal o cual cosa porque a mí no me gusta. Si a mí no me gusta, simplemente no estará en nuestro espacio compartido (regla 1) y ciertamente no estará en mi espacio personal, pero no puedo obligarte a borrarlo del tuyo.

Esta regla también puede formularse de modo análogo a la regla 1 diciendo que *en el espacio personal gana el "sí"*:

—Voy al cine.

—No.

Voy (puesto que es suficiente con que uno quiera hacerlo).

Estas reglas son sencillas y, a mi entender, indiscutibles. Cualquier otra cosa constituye ya sea una *imposición* (si violamos la regla 1) o bien una *intromisión* (si violamos la 2). Ambas actitudes bordean el desamor y quizás hasta la maldad.

Apartarse de estas reglas nos aleja de la posibilidad de establecer un vínculo sano; desoírlas es el modo privilegiado en el que las parejas arriban a su peor destino: el de convertirse en algo que empobrece las vidas de quienes la conforman en lugar de enriquecerlas. Como suelen decir quienes concluyen relaciones que han caído en esta dinámica y buscan luego una pareja mejor:

—Quiero alguien que sume, no que reste.

Esto no significa que no transgredamos estas reglas y que no lo hagamos con frecuencia y hasta con convicción. En los dos próximos capítulos nos ocuparemos de las razones que nos impulsan y de lo que sucede cuando lo hacemos...

# CAPÍTULO 4

# Compromiso

Cuando vamos a algún lado nunca elijo yo
porque lo único que quiero es ir contigo [...]
Pero yo no soy tu prisionero
y no tengo alma de robot

LOS AUTÉNTICOS DECADENTES,
"Corazón"

Resulta en extremo difícil manejarnos de acuerdo con las dos leyes que enuncié en el capítulo anterior, pues enseguida aparecen las objeciones.

La principal objeción a la regla 1, es decir, a la idea de que aquello que quede en el espacio de la pareja debe ser acordado por ambos y de que basta con que uno de los dos no quiera para que ese elemento quede fuera, es que si nos manejáramos así, según se sostiene, quedaría muy poco en la pareja.

Ésta es una idea preocupante. Es como si dijéramos: si cada uno hace lo que quiere, no compartiríamos casi nada... La objeción supone que, si queremos hacer cosas en pareja, es sólo por obligación; en verdad cada uno quiere irse por su lado y ver al otro lo menos posible. Si esto fuera cierto, ¿no sería mejor, en ese caso, concluir que no queremos estar en pareja o que queremos tener una pareja más reducida, en lugar de forzarnos a compartir lo que no queremos?

Pero no creo que esa conclusión sea siempre la correcta. Considero que hay muchos casos, posiblemente la mayoría, en los que coincidimos en nuestro deseo de compartir gran cantidad de actividades, tiempos y momentos. No creo que sea necesario (ni saludable, por supuesto) inflar artificialmente el espacio común. Por el contrario, me parece muy posible que, aun sosteniendo la *regla de la necesidad*, quede allí un sustancioso conjunto de cosas entre las que, seguramente, habrá algunas de tremenda importancia y valor.

## Nos vemos cuando él quiere

Una variante de esta objeción es la que se expresa, las más de las veces, en forma de esta queja:

—Nos vemos sólo cuando él quiere.

Yo suelo responder así:

—Por supuesto, se ven sólo cuando él quiere... y tú también. Sólo cuando los dos quieren.

—¡Pero yo quiero siempre! —es la respuesta que en ocasiones sigue.

Primero: eso no es cierto (nadie quiere estar siempre con el otro, a toda hora y en todo momento).

Segundo: incluso si así fuera, su compañero no tendría por qué querer lo mismo y no estaría en falta por eso.

Y tercero: pensemos por un minuto lo que supondría satisfacer este reclamo. Implicaría, por supuesto que él (o ella) viera a su pareja cuando no tiene deseos de hacerlo. No hace falta un gran esfuerzo de imaginación para visualizar cómo sería ese encuentro... ¿Cuánto tiempo pasaría hasta que uno se diera cuenta de que el otro no está verdaderamente allí? ¿Cuánto tiempo antes de que surgiera alguna clase de maltrato a su pareja, motivado por el fastidio de hacer algo que no se deseaba? En el mejor de los casos, y no es lo más frecuente, se trata de un encuentro que pasa sin pena ni gloria, una situación que ambos toleran y en la que logran llegar al momento de la despedida sin haberse enredado en discusiones o reclamos, sólo para, al final, en cuanto el otro se da la vuelta, exhalar un gran suspiro de alivio... El caso más habitual, claro está, es que todo termine en pelea.

El reclamo de *más tiempo juntos* suele justificarse bajo la premisa de una intención altruista, mientras que el de *más tiempo para cada uno* suena muy egoísta.

Como dije en la introducción, no suelen gustarme las distinciones de género, pero la experiencia clínica me ha demostrado que, en general, son las mujeres quienes sostienen la mayoría de las veces este reclamo y quienes se adjudican la potestad de hablar por la relación.

En la práctica, ella suele decirlo así:

—Él no piensa de a dos.

Debo confesar que nunca entendí eso de *pensar de a dos*; a no ser que un científico loco nos conecte a través de un cable cerebral, no veo cómo eso sería posible... Ya escucho las voces femeninas alzándose en mi contra:

—¿Ves? ¡No lo entiendes porque eres hombre!

(Ésta es otra de las razones por las que no me gusta hacer distinciones de género: se corre siempre el riesgo de ser acusado de parcialidad.)

Pero vayamos un poco más allá de esto. Entiendo que lo que esta frase significa es más bien:

—Él piensa en él, mientras que yo pienso en los dos.

La situación sería, por ejemplo, algo así: él quiere viajar con sus amigos, ella quiere viajar con él.

Lo cierto es que aquí no hay más que dos deseos, si se quiere, igualmente egoístas (y no es que eso sea malo, como ya es sabido). Él quiere *lo que él quiere*, y ella quiere *lo que ella quiere*. A este efecto, es contingente que lo que ella quiere lo incluya a él. Ella no está, al contrario de lo que sostiene, pensando en él: si lo hiciera, lo animaría a viajar con sus amigos ¡porque eso es lo que él quiere!

La mayoría de las veces ella no ve esto... ni él tampoco.

La manida dinámica del reclamo de tiempos o prioridades entre hombres y mujeres no termina aquí. Él, más inseguro y también más tendiente a *lavarse las manos* para no ser acusado después, le cede a ella, de relativa buena gana, las riendas de la relación y acepta que "ella es la que sabe". Así, él se acomoda a lo que ella propone y se deja llevar. Termina prometiendo lo que luego no querrá cumplir. Vale decir, con total justeza: miente. Dice lo que sabe (o supone, al menos) que ella quiere escuchar:

—De acuerdo, mi amor, viajemos juntos.

Ella, que no es tonta, se da cuenta de la incongruencia entre esta propuesta y todo lo que él ha dicho y por lo que han estado peleando los últimos tres días, de modo que dice:

—¿Pero de verdad quieres o es sólo por lo que te dije ayer?

—No, mi amor, de verdad —dice él haciendo un esfuerzo de concentración.

Y ella, que quiere creerle, aunque toda la evidencia le indica que no debe hacerlo, finge no darse cuenta y sigue adelante.

El pronóstico de ese viaje es bastante predecible: estarán bien un par de días, hasta que por cualquier tontería estalle una pelea secretamente motivada por el fastidio de él y el dolor de ella; porque ambos notan que él está allí, pero en verdad querría estar en otro lado. Finalmente ella dirá:

—¡Para estar así, mejor no hubieras venido!

Tiene razón: para estar así, no debió haber ido. El error de ambos es creer que había un modo adecuado de viajar juntos y que era una cuestión de *poner voluntad*. Aquel que demanda finalmente descubre que lo que quería no era que su pareja *fuera* al viaje sino que *quisiera ir*. Pero claro, eso no se puede pedir ni forzar.

## ¿Qué podemos compartir?

La conclusión que se desprende de la regla 1 insiste: cuando no son ambos los que quieren verse (es decir, cuando al menos uno de los dos no quiere), lo mejor que puede suceder es que no se vean.

Vale aclarar que hablamos aquí de *verse* en el sentido de compartir, no en el de *verte pasar* hacia la habitación mientras yo leo en la sala: eso cuenta como tiempo no compartido, puesto que no estamos *juntos*, aunque estemos en el mismo sitio. Dicho esto, se impone una aclaración a la aclaración: esto no es un juicio de valor. De hecho, considero que la habilidad de estar en el mismo espacio mientras yo hago una cosa y mi pareja otra, sin que ninguno de los dos lo experimente como desinterés, es fundamental para sostener una convivencia en pareja.

Teniendo en cuenta esta conclusión, podemos confeccionar una serie de diagramas para visualizar las diversas situaciones que pueden producirse según cuando uno u otro integrante de la pareja quiere o no estar con el otro.

El esquema es sencillo. Consiste en una línea temporal sobre la que sombrearemos, en primer lugar, los momentos en los que él quiere estar con ella, dejando en blanco los momentos en que no quiere; así:

Cuando él quiere

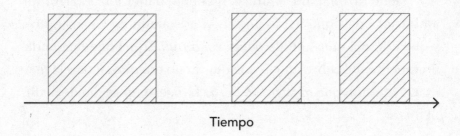

Tiempo

Lo mismo haremos con los momentos en los que ella quiere estar con él:

Cuando ella quiere

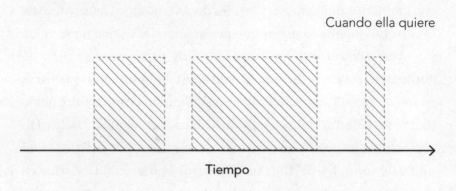

Tiempo

Si superponemos los dos esquemas, obtendremos algo así:

Cuando él quiere                                   Cuando ella quiere

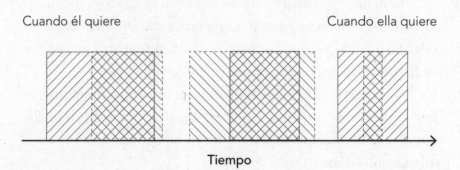

Tiempo

Vemos aquí que han quedado definidos cuatro momentos, identificados en el gráfico con distintos patrones:

El quiere y ella no quiere

Ella quiere y él no quiere

Ninguno de los dos quiere

Ambos quieren

De acuerdo a todo lo que hemos dicho, los momentos que son sanos que una pareja comparta son aquellos en los que se superponen ambos intereses y quedan por tanto con un sombreado combinado (cuando los dos quieren).

Utilizando este mismo esquema, podemos ilustrar otras situaciones y ver, con mayor claridad, qué sucede en cada escenario. El caso que discutimos más arriba, que solía presentarse como "nos vemos sólo cuando él quiere", por ejemplo, quedaría graficado así:

Cuando él quiere                                    Cuando ella quiere

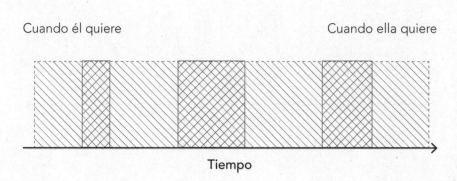

Tiempo

Los tiempos en que esta pareja se ve siguen siendo los que ambos quieren, pero coinciden exactamente con los que quiere él porque (supuestamente) ella quiere verlo todo el tiempo.

El famoso ideal de media naranja, aquella pareja que se proponía compartir todo, quedaría ilustrado así:

Cuando él quiere                                      Cuando ella quiere

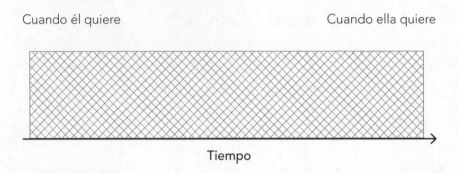

Tiempo

Ambos querrían estar con el otro todo el tiempo. Se ve claramente en este esquema que es un ideal imposible; muy pocas parejas aspiran hoy en día a ello. Pero persiste aun un ideal más moderno, que sería más difícil de transmitir sin el diagrama. Se trata de la siguiente situación:

Cuando él quiere                                      Cuando ella quiere

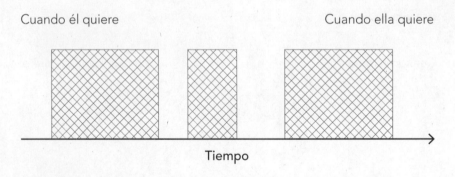

Tiempo

Este caso, por razonable que parezca, también es imposible. Ya no se pretende un deseo continuo pero sí una concordancia perfecta: no hay momento alguno en que uno quiera estar con su pareja y el otro no. Eso no sucede en la práctica. En la vida real, en el mejor de los casos, lo que se produce es similar al primer esquema: ambos coinciden en muchos momentos, pero también hay otros en los que los deseos de uno no corresponden con los del otro. Entender que ésa es la normalidad y que pretender sincronía es descabellado, nos acercará a tolerar mejor los momentos de desfase.

Contrastemos ese primer esquema con otro, que sí es posible pero que nos deja frente a otra dificultad:

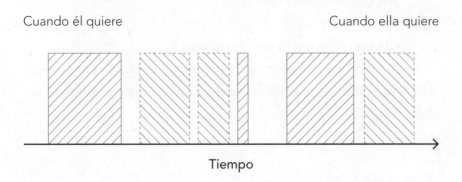

¿Cuándo se ven estos dos? Sanamente: nunca. No puede decirse que a él no le interese ella (pues hay momentos en que *él quiere* estar con ella) ni que a ella no le interese él (pues también hay momentos en que *ella quiere* estar con él), pero no coinciden. No pueden compartir tiempo ni actividad alguna y por ello no pueden estar en pareja.

Llegamos así, por otro camino, a aquello que decíamos en el capítulo anterior respecto a que el amor no es suficiente para establecer una buena pareja. Agregamos ahora que tampoco el interés, las ganas y la disposición lo son. Hacen falta también algunas concordancias.

Viendo este esquema seguramente es grande la tentación de decir:

—Pero ¿no pueden acomodarse un poco? Si ambos se quieren... ¡No deberían renunciar a su amor por cuestiones logísticas!

Por más duro que sea, debemos resistir. Debemos aceptar que sí, en efecto hay cuestiones de índole práctica, de contexto, de posibilidades y de deseos propios, que hacen que determinado modo de estar en pareja sea o no viable.

Cuando una relación no funciona no siempre se puede acusar al otro y decirle:

—Es que no pones voluntad.

O:

—Es que no me quieres lo suficiente.

En ocasiones no se trata de la voluntad sino de lo que cada uno puede dar, sin empobrecerse ni resentirse con el otro por ello.

## ¿Qué somos?

Veamos ahora una nueva situación en la que, si bien ambos quieren verse y existe algún grado de coincidencia, sus quereres son cualitativamente distintos:

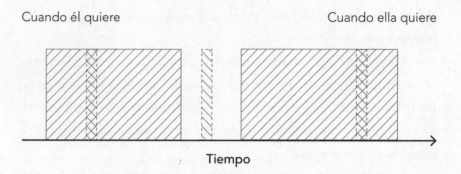

Cuando él quiere                    Cuando ella quiere

Tiempo

En este caso, no se trata tan sólo de que él quiere verla a ella más tiempo que ella a él (lo que, como dije antes, no sería un problema), sino de que quieren cosas esencialmente distintas. El modelo que él anhela es uno muy diferente al que ella propone.

Estamos acostumbrados a pensar las relaciones amorosas en una especie de *escala* armada en función de una sola variable que habitualmente identificamos con el *compromiso*. Esta simplificación excesiva termina originando un ordenamiento "de mayor a menor", más o menos así:

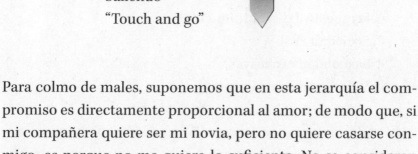

Casados con hijos
Casados
Comprometidos
Novios
Saliendo
"Touch and go"

Para colmo de males, suponemos que en esta jerarquía el compromiso es directamente proporcional al amor; de modo que, si mi compañera quiere ser mi novia, pero no quiere casarse conmigo, es porque no me quiere lo suficiente. No se consideran otras posibilidades, como que no le interese la institución matrimonial o que no me quiera a mí para esposo.

Lo cierto es que estos modelos, más allá de ser configuraciones estereotipadas (lo cual de por sí es ya un problema), son cosas diferentes, no variaciones de una sola magnitud (sea del compromiso o del amor). Para utilizar una analogía bastante mundana, se parecen más a los combos de McDonald's que se arman con diferentes elementos, que a las bebidas del mismo restaurante que sólo se diferencian en el tamaño del vaso...

Podríamos jugar un poco con esta idea y pensar una especie de menú amoroso...

*¡Combo saliendo!* Incluye:
- Sexualidad compartida
- Perspectiva de continuidad

*¡Combo novios!* Incluye:
- Vida social compartida
- Perspectiva de continuidad
- Sexualidad exclusiva

*¡Combo matrimonio!* (¡¡Nuestra opción más completa!!) Incluye:
- Convivencia
- Perspectiva de continuidad XL
- Sociedad civil
- Sexualidad exclusiva
- Vida social compartida

Y así podríamos esquematizar cada uno de los modelos de relación amorosa, con mayor o menor precisión, dado que estas definiciones son muy variables de acuerdo con la cultura de cada lugar y de cada generación.

En este esquema ningún combo es *mejor* que otro, del mismo modo que la Big Mac no es mejor que los nuggets (aunque yo particularmente prefiero la Big Mac cualquier día de la semana). Ningún modelo implica siquiera mayor compromiso que otro: alguien puede estar muy comprometido con una relación de modo independiente de cuánto abarque ésta. Yo veo a mi psicólogo una hora a la semana; sin embargo, estoy absolutamente comprometido con ese espacio: jamás falto y, mientras estoy allí, doy todo lo que tengo en función del trabajo que realizamos. El compromiso no tiene que ver con la magnitud de una relación, ni con la cantidad de tiempo que ésta demanda, sino con el modo de estar en ese vínculo.

En lo que sí hay diferencia entre un modelo de relación y otro es en algo que yo preferiría llamar el *alcance*. Estar casados tiene un mayor alcance que estar saliendo. Eso es indiscutible, aunque no habla, necesariamente, del compromiso (¡ni del amor!) que cada uno de los integrantes pone en juego en esa relación.

Cuando, como en el ejemplo del esquema anterior, los involucrados pretenden modelos distintos, el que sanamente debe imponerse es el de menor alcance (por efecto de la regla 1 y para evitar todas las consecuencias indeseables que hemos discutido).

Movidos por el modelo unidimensional de las relaciones románticas pensamos que siempre deberíamos ascender de "categoría" y pasar al "siguiente escalón" (si salimos tenemos que hacernos novios y si somos novios tenemos que casarnos... porque si no, según se dice... ¡la relación no avanza!). De allí que entre las parejas surja con frecuencia la temida pregunta:

—¿Qué somos?

Dicho planteamiento no suele tener, como se pretende, la intención de aclarar qué tipo de relación tenemos (en cuyo caso sería adecuado), sino que más bien es un cuestionamiento hacia el otro:

—¿Qué lugar tengo en tu vida? ¿Cuán importante soy para ti?

Para peor, ese cuestionamiento esconde además una exigencia:

—Dame *más* lugar.

—Quiero ser *más* importante, subir de categoría.

Las preguntas que por su enunciación hacen saber al otro cuál es la respuesta que debe dar (al estilo: "¿No me engañas...? ¿No?") no son verdaderas preguntas sino demandas, y de mucho cuidado, tanto para el que las recibe (que no debe confundirse) como para el que las formula (que debe saber que, la mayoría de las veces, recibirá la respuesta que desea oír aunque no sea la verdadera). El planteamiento de *¿Qué somos?* obtiene, con demasiada frecuencia, una respuesta que es, nunca mejor dicho, *de compromiso* (en el sentido que en inglés se traduce como *compromise* y no como *commitment*):

—Eh... somos... mmm... novios.

O:

—Casémonos, seamos exclusivos (o cualquier otro modo de *ascenso* en la jerarquía romántica).

A partir de estos *acuerdos* tan precarios, *nos forzamos* a compartir lo que el modelo elegido presupone que hay que compartir. Ello nos sumerge, como es esperable, en una gran cantidad de situaciones problemáticas, sobre todo si algunas de las cosas que los *modelos prefabricados* de pareja imponen son realmente absurdas. Mi preferida es:

—El sábado es el día de la pareja.

*¡¿El sábado es el día de la pareja?!* Ya es bastante ridículo que se imponga cuánto tiempo tenemos que compartir de acuerdo a nuestro título como para que además nos digan qué día tenemos que hacerlo. Increíblemente, hay gente que se ofende porque su pareja hace otros planes para un sábado o bien deduce de ello alguna deficiencia de la relación o, peor, alguna intención maliciosa de su compañero.

Aceptar la regla 1 debería provocar un cambio en el modo en el que establecemos nuestras relaciones amorosas. En lugar de definir el título primero y luego, de acuerdo con la acepción estipulada de ese término, determinar lo que debemos compartir, propongo que identifiquemos primero qué es lo que queremos y podemos compartir y que definamos luego a qué modelo pertenecemos. "¿Qué somos?" sería, en este escenario, una verdadera pregunta:

—¿Qué somos?

—Veamos: compartimos actividades, tenemos sexo, no compartimos la vida social, tenemos intenciones de seguir juntos... Estamos saliendo.

—¡Ah! Es bueno saberlo.

Supongo que es posible cuestionarse: ¿qué sucede si alguno de los dos quiere que sean novios? Pues bien, en ese caso, sería importante saber qué es lo que desea con eso. Si nuestra pareja nos dice:

—No sé... eso... ser novios.

Entonces lo que quiere es el título y, más precisamente, quiere una confirmación de cuán importante es en nuestra vida. Es decir, es una preocupación narcisista que, si bien puede ser muy comprensible, es algo de lo que debe ocuparse por sí mismo. Nosotros podremos, en todo caso, reafirmárselo con palabras y gestos; pero modificar toda la estructura de una relación sólo para calmar inseguridades es tan exagerado como contraproducente.

Si, en cambio, dice:

—Quiero que seamos novios porque quiero que compartamos nuestra vida social —ése es el rasgo que, a mi entender, diferencia a los novios de aquellos que simplemente están saliendo. Entonces habría que sugerirle que lo pida así, en lugar de solicitar subrepticiamente un cambio de título:

—Quiero que conozcas a mis amigos.

O:

—Quiero que vengas a comer a casa de mis padres.

Seguramente podría plantearse que, dado todo este embrollo con los títulos, lo mejor sería renunciar a ellos y que cada pareja diseñara un tipo de vínculo a la medida de lo que ambos desean vivir en conjunto. De un modo bastante romántico, cuando alguien le preguntase a uno de los integrantes de esta notable pareja:

—Y ustedes, ¿qué son?

Responderían:

—Somos Alejandro y Estefanía.

Es decir: no obedecemos a un molde. Ningún combo prefijado nos define. Es una postura ideal y muy noble posiblemente... pero, creo, algo ingenua e idealista. Quizás alguno lo haya logrado o lo haga en algún momento. Conozco a algunos que lo han intentado y han fracasado. La presión social y quizá también los propios prejuicios empujan hacia una definición que nos permita saber dónde estamos parados y qué podemos esperar del otro (y qué no).

## Saber escuchar

Hace algún tiempo supe de una joven que, frente a una situación de pareja que podía haber ocasionado peleas o rispideces, mostró de modo muy preciso cuál sería una postura madura, interesante y sana respecto a la cuestión de definir el espacio compartido. Sucedió que la joven comenzó a salir con un chico que le agradaba y ella parecía gustarle a él. Habían salido algunas veces y todo iba bien, tanto así que, luego de una de esas salidas, él la invitó al estreno de su nueva obra de teatro y le comentó que estarían allí algunos amigos suyos y varios familiares: era una especie de presentación en sociedad. Ella aceptó complacida.

Pero entre la invitación y el día de la función, una tarde en que ambos caminaban por la calle se cruzaron con unos conocidos de él. Él se detuvo a saludarlos y habló con ellos unos minutos, sin presentarles a la joven. Ella se mantuvo callada, pero sin dejar de tomar nota de lo que estaba sucediendo. Luego él se despidió y siguieron caminando por unos cinco minutos, hasta que él dijo:

—Disculpa que no te presenté. Lo que pasa es que son conocidos de unos amigos de mi exnovia... y no me sentí cómodo.

Nuevamente la joven permaneció en silencio, pero el comentario no le pasó desapercibido. Por la noche llamó por teléfono al muchacho:

—Mira —le dijo—, estuve pensando... No voy a ir al teatro.

—¿Por qué? —preguntó él, un tanto a la defensiva.

—Porque yo no sabía que éramos amantes.

—¡Bueno! ¡No es como para que te enojes!

—No estoy enojada —dijo ella con calma—. Pero si no estoy como para que me presentes en la calle, tampoco estoy como para que me presentes en el teatro... Te vas a sentir incómodo, y yo también.

Él guardó silencio, tal vez abrumado por la evidencia de lo que ella le decía.

—Tienes razón... —dijo finalmente y luego continuó con tono de alivio—. ¿Sabes? Me haces bien, me ubicas... ¿Me entiendes?

—Sí, claro —dijo ella.

—Me pones los puntos.

—¡No! —dijo ella con rapidez—. Yo no te pongo los puntos. Yo trato de ver por dónde vas. Cuando de verdad estés preparado para que yo vaya al teatro vuelve a invitarme, me va a encantar ir.

Cuando podemos soportar que aquel que nos interesa no se interese en nosotros en la medida en que quisiéramos (o que no lo haya hecho aún), podemos escuchar mejor qué es lo que verdaderamente siente, para no forzarlo a aceptar acuerdos que no desea. Eso nos evitará encontrarnos luego con sorpresas desagradables cuando él o ella no pueda estar a la altura de lo que nos ha prometido.

## Motivar en lugar de exigir

Todo esto no implica que, cuando deseamos el interés de alguien, no haya cosa alguna que podamos hacer para actuar en ese sentido. Por supuesto, podemos intentar causar ese interés. Dicho de otra manera: podemos motivar al otro a fijarse en nosotros, a darnos la atención o el lugar que deseamos tener en su vida (entendiendo que motivar es conseguir que el otro quiera hacer algo, y no sólo que lo haga). Como lo expresa una frase, atribuida supuestamente al gran bardo de Avon, William Shakespeare: "He aprendido que no puedo exigir el amor. Sólo puedo dar buenas razones para ser querido y esperar que la vida haga el resto".

¿Y cuáles serían entonces esas "buenas razones"? Evidentemente, dependerán de aquel en quien queramos despertar interés y también, por supuesto, de qué tipo de interés deseemos despertar... pero, puesto de modo muy sencillo, si yo deseo que otro quiera estar conmigo, tengo que ser una gran compañía: debe ser agradable, cautivante, satisfactorio o enriquecedor estar conmigo (o mejor aún: todo eso junto).

Puede desprenderse de esto último que buscar un mayor lugar en la vida de nuestra pareja bajo el modo del reclamo no sólo es inútil, sino que produce el efecto contrario, porque no es agradable ni cautivante que a uno le anden reprochando todo el tiempo.

Conocí una pareja de jóvenes que fueron novios por un par de años. Ella quería casarse, él todavía no, y eso ocasionaba frecuentes discusiones. Una tarde fueron juntos al casamiento de una amiga de él. Estaban sentados en las gradas de la iglesia mientras los novios pronunciaban sus votos y llevaban a cabo los rituales del matrimonio. En el preciso momento en que los flamantes esposos daban el *sí*, la joven volteó hacia su novio y le dijo, con una voz cargada de rencor:

—¿Por qué yo no puedo tener esto?

—Porque lo pides así —fue la precisa respuesta del joven que, en ese momento, comprendió la magnitud del problema.

Al poco tiempo se separaron.

Aun cuando dejemos el reclamo de lado, debemos comprender que el intento de causar el interés del otro sobre nosotros (que no es otra cosa que lo que habitualmente se llama *seducción*, si entendemos esa palabra desde una perspectiva amplia) tiene un límite. Y ese límite es no transformarnos en alguien que no somos: si para atraer a otro nos ponemos máscaras, tarde o temprano sucederán dos cosas: llegará el momento en que ya no podamos sostener la farsa (con la consiguiente decepción) y, aun antes, acabaremos por sentirnos igual de rechazados porque sabremos que es el disfraz, y no nosotros, quien ha cosechado el tan preciado amor.

El mejor modo de causar este interés, entonces, no es otro que trabajar sobre uno mismo. Como enseñaba el mítico terapeuta Joseph Zinker, los procesos sanos tienen una condición estética que les es propia, irradian una belleza que refleja su coherencia interna. Estoy convencido de que, cuando nos volvemos mejores para nosotros mismos, cuando hemos buceado en nuestra alma y nuestra mente, nos volvemos también más atractivos para los demás. Terminamos por ser más queribles y (quizá también) más queridos.

Es posible que no lo seamos particularmente para la persona a quien pretendíamos conquistar (no hay recetas en este sentido: no hay "pociones de amor" infalibles), pero ahí estará también nuestra sabiduría: en hallar a quienes sepan amar aquello por lo que queremos ser amados.

## El miedo al compromiso

La contraparte de esta demanda estereotípicamente femenina es, del lado de los hombres, otro estereotipo: el del *miedo al compromiso*. Muchas mujeres jóvenes (y no tanto) se lamentan o refunfuñan a menudo acerca de que *ellos* no quieren comprometerse: son unos irresponsables que pretenden seguir viviendo por siempre en la liviandad de la adolescencia, niños eternos que no desean más que divertirse (para sostener este juicio es de mucha ayuda la imagen del despreocupado Peter Pan, con su correspondiente síndrome y todo).

A mi entender esta manera de concebir las cosas es equivocada. Los hombres que retroceden o se atajan frente a las demandas de *seriedad* en la relación no lo hacen por falta de compromiso sino, por el contrario, por exceso del mismo. Estos hombres se toman tan en serio los compromisos que no pueden tolerar la idea de no estar a la altura de lo que han prometido. Prefieren negarse antes que defraudar después. Suscriben el axioma: *el que avisa no traiciona.* (Frente a esta última sentencia suelo comentar: "Claro, el que avisa no traiciona, porque nunca logra hacerlo: aquellos a quienes va a traicionar, avisados, lo interceptan antes".

Muchos hombres, cuando se dan cuenta de que no pueden tener certeza de que podrán brindar su presencia, su amor o su disponibilidad para toda la eternidad y sin intermitencia alguna (¿cómo podrían?), optan por abstenerse preventivamente (aunque no siempre es lo que desearían en verdad). Esta explicación del *miedo al compromiso* encuentra un fuerte sostén en la comprobación de que los hombres que más lo evitan no son los más irresponsables, aquellos de los que habitualmente se dice: "¡Es un tiro al aire!", sino los otros, los más escrupulosos y considerados: no pueden tolerar la perspectiva de ser causa del dolor ajeno.

Todas las advertencias ("Te aviso que no estoy buscando nada serio") y renuencias están dirigidas y colocadas como para que, si en algún momento él llegase a querer dejar la relación y ella le dijera, acusatoriamente:

—¿Cómo puedes hacerme una cosa así?

Entonces él pueda contestar:

—Yo te avisé.

Como si eso fuera a calmar el dolor de ella o como si lo eximiera a él de la responsabilidad por el dolor que está causando la decisión que ha tomado.

Vale aclarar aquí que, cuando hablo de responsabilidad, no quiero decir que alguien no deba dejar a su pareja si eso es lo que quiere hacer o lo que piensa que será lo mejor, sólo porque al otro va a dolerle. Lo que digo es que no puede desentenderse del efecto que eso tendrá. Así como, a decir del Principito, "cuando uno se deja domesticar corre el riesgo de llorar un poco", también se podría decir: "Cuando uno domestica corre el riesgo de hacer llorar un poco". Y eso, también es doloroso... pero hay que estar dispuesto a pasar por ello para embarcarse en una relación afectiva.

La situación me recuerda a otra que me planteó un día una paciente. Me contó que una buena amiga suya, que estaba embarazada, le había pedido ser la madrina de su hija. Mi paciente me confesó que no quería hacerlo, que ya era madrina de otro niño, que la tarea no le agradaba y que todo el asunto le producía pereza y hastío. En suma: no tenía ganas.

—Así que le dije que no —comentó y luego me preguntó—: ¿Está mal?

—Sí —le respondí.

—¿Cómo? —dijo, entre decepcionada y sorprendida—. Yo pensé que tú me ibas a decir que no...

—¿Cómo va estar bien? Ella te lo pide de corazón, eres su mejor amiga, es un honor que te está ofreciendo, es muy importante para ella... ¿Y tú le dices que no porque te molesta ocuparte del chico de vez en cuando e ir al cine una vez al mes? ¡Ésa es la definición de hacer mal!

—¿Entonces le tendría que haber dicho que sí? —dijo, llegando finalmente al punto que yo había pretendido que llegara.

—¡No! —dije—. Le tendrías que haber dicho que no y asumir que eso está mal.

Sostener una relación que deseamos abandonar para evitar la pena que le causaremos al otro no es una buena idea, eso es evidente. Pero eso no quiere decir que el otro no tenga derecho a sentir ese dolor ni que, si lo amamos o lo hemos amado, no debamos tenerlo en cuenta y, en la medida de lo posible (es decir: sin ir en contra de nuestros deseos), ofrecerle consuelo.

## Decepcionar es inevitable

Esta postura de *abstinencia preventiva*, este modo de alertar y advertir se ve retroalimentado por una sentencia que se expone con frecuencia y que goza de mucha aceptación porque suena moralmente intachable:

—A mí lo que me molesta no es que me dejes (o me engañes, o me rechaces), a mí lo que me molesta es que me mientas.

¡Por favor! Esto sí que es una mentira. Una que posiblemente nos contamos a nosotros mismos, pero una mentira al fin. Porque lo que esta frase dice, sin demasiados rodeos, es que, cuando me dejes (si fuiste honesto), no sufriré. Y por supuesto que no es así. El abandono o el rechazo duelen porque ya no estarás en mi vida (al menos del modo en que estabas) o porque compruebo que no soy tan importante para ti (al menos tanto como yo creía). Si la cuestión moral tiene algún peso en todo este asunto es, sin duda, muchísimo menor.

Lo que sucede es que, como no puedo (razonablemente) enfadarme porque ya no me quieres, entonces me enojo porque "No me lo habías dicho antes" o "Por como me lo dijiste". Como no puedo reclamar lo que quisiera, reclamo lo que es políticamente correcto. Estas pseudorrazones que ocultan el verdadero motivo del dolor tienen la asombrosa cualidad de que son siempre aplicables:

—Voy a dejarte.
—Eres una basura.
—¡¿Por qué?!
—Porque no me lo habías dicho antes.

—Voy a dejarte dentro de seis meses.

—Eres una basura.

—¡¿Por qué?!

—Porque me vas a hacer sufrir todo ese tiempo.


*(Por teléfono)*

—Voy a dejarte.

—Eres una basura. ¡¿Por teléfono me lo dices?!


*(En un bar)*

—Voy a dejarte.

—Eres una basura. ¡¿Para eso me hiciste venir?!


—Voy a dejarte.

—¿Por qué? ¿Ya no me amas?

—Ya no.

—Eres una basura.


—Voy a dejarte.

—¿Por qué? ¿Ya no me amas?

—Sí, aún te amo, pero no quiero estar más contigo.

—Entonces eres cobarde.


No hay salida. No hay un modo de ruptura, ni tampoco de relación, que sea *libre de reclamos*. La posibilidad de defraudar (tal vez debería decir *la certeza de defraudar*) es intrínseca a un vínculo de pareja.

Por eso me permito recomendarles a quienes suelan adoptar estas estratagemas de avisos y advertencias que las abandonen y que simplemente compartan lo que deseen, sin preocuparse tanto por lo que sus parejas entenderán que se les está prometiendo. No serán eximidos de futuras culpas por haber advertido antes lo que de todos modos es obvio (¿acaso es necesario aclarar que la separación es siempre una posibilidad?), ni causarán menos dolor por ello.

Las promesas y los votos son siempre una declaración de intenciones, y así debe escucharlos también aquel al que van dirigidos. Demandar cualquier vínculo, actividad o condición porque *lo prometiste* o forzarme a sostener cualquiera de esas cosas porque *lo prometí* es llevar la pareja al campo de las obligaciones.

Yo, por mi parte, no quiero convertir mi pareja en una obligación ni quiero tampoco que mi compañera lo viva de ese modo.

CAPÍTULO 5

# Libertad

Para saber lo que es amar

hay que perder la libertad,

y para mí

eso no se llama amor.

TURF, "No se llama amor"

Si la discusión sobre la regla 1 o de la *necesidad* nos llevó a hablar del compromiso, la discusión sobre la regla 2 o de la *suficiencia* nos hará desembocar en la cuestión de la libertad.

Recordemos: la regla 2 establece que, en el espacio personal de cada uno de los integrantes de una pareja, es suficiente con que el *dueño* de ese espacio decida ubicar algo ahí para que eso deba ser respetado. Vale decir: el hecho de que estemos en pareja no me da autoridad para decidir sobre lo que haces con tu vida. No puedo forzarte a que hagas lo que a mí me agrada ni tampoco a que dejes lo que me desagrada.

Creo que esta regla es menos objetable aún que la primera. No hay un argumento políticamente correcto en contra, como sí lo había con la regla 1 (aquel que sostenía que ambos debían esforzarse por el bien de la pareja). Es indudable que estar en pareja no conlleva entregarle a nuestro compañero las riendas

93

de la propia vida. El vínculo romántico no supone una entrega recíproca de la facultad de decidir ni un consentimiento para que el otro ejerza la censura sobre aquellas cosas mías que no le agradan.

Sin embargo, y aun cuando esta regla sea tan razonable, la vulneramos día tras día. Defendemos argumentos que la contradicen y realizamos exigencias que, de tenerla en cuenta, resultarían a todas luces inapropiadas.

## Amar y lastimar

El modo en que, por lo común, terminamos transgrediendo la regla 2 sigue guiones similares al que expongo a continuación. Estos argumentos pueden esgrimirse de forma explícita o adivinarse por detrás de presentaciones más intrincadas:

—Voy a volver a estudiar.
—¡No! Te voy a extrañar.
—Para mí es importante.
—¡Pero a mí me hace mal!
—Lo haré de todos modos.
—Entonces no me amas.
—Sí te amo.
—Pruébalo.
—De acuerdo, no volveré...

La premisa a la que ambos se pliegan es, claro está:
—Si me amas, no vas a hacer algo que me lastime.

A primera vista, esta proposición podría parecernos cierta: ¿no dijimos, acaso, que el amor implicaba desear la felicidad del otro? ¿Y si a mi compañero le hace infeliz, por ejemplo, que vuelva a estudiar, no debería yo, por amor, desistir de ello?

La canción del grupo argentino Turf que reproduzco en el epígrafe dice: "Para saber lo que es amar hay que perder la libertad...". ¿Están en lo cierto los Turf? ¿Amar implica perder la libertad?

La clave que resuelve esta aparente contradicción está en un cambio sutil, pero significativo, en el modo en que entendemos la relación entre el amor y la posibilidad de lastimar a quien amamos.

Es muy cierto que: "Si me amas, no vas a hacer cosas *para* lastimarme".

Pero eso es distinto a decir: "Si me amas, no vas a hacer cosas que me lastimen".

Aquello de lo que el amor nos disuade es de hacer daño a quien amamos intencionalmente (es decir: llevar a cabo acciones cuya finalidad, objetivo y propósito sea lastimarlo). Si eso sucede, en efecto, podemos concluir que en ese vínculo no había amor (o ya no lo hay).

Sin embargo, el amor no impide lastimar al otro. De hecho, lastimamos a quienes amamos y lo hacemos con frecuencia. Lo hacemos sin darnos cuenta, por ignorancia, por incapacidad o porque nuestras propias miserias nos empujan a defendernos de modos que resultan dañinos para el otro... Y los lastimamos también a sabiendas de que lo hacemos, porque privilegiamos otras cosas, porque nos priorizamos a nosotros mismos o porque consideramos que algo es lo mejor para la pareja aun cuando el otro sufra un poco. El hecho de que eso suceda o de que así lo decidamos no implica, de manera alguna, que no los amemos.

## Pruebas de amor

La idea que está detrás de toda esta manera de pensar y de sentir es, por supuesto, la vieja concepción del amor como sacrificio. La idea de que la medida del amor se halla en cuánto uno es capaz de sacrificar por el otro.

Hasta hace poco yo creía que, como sociedad, ya habíamos superado esta falacia. Me sorprendí recientemente al comprobar que aún goza de buena salud, tanto en círculos ordinarios como en otros, supuestamente más entendidos. De modo que me detendré un momento sobre ello, a pesar de que considero que es un terreno que ya ha sido conquistado y proclamado por otros antes que yo. Aun así, hay quienes se amparan de modo tácito en esta creencia y hay quienes incluso la pregonan de viva voz: "Cuanto mayor el sacrificio, mayor el amor" (o, en su forma negativa, que suena aún más razonable, pero tampoco lo es: "¿Qué clase de amor es ése por el cual no se está dispuesto a sacrificar nada?").

Está claro que debemos sospechar de esta ecuación y, más importante aún, desconfiar de aquellos que exigen renuncias o esfuerzos como pruebas de amor.

Frente a la demanda:

—Si me amaras renunciarías a...

Creo que siempre se puede responder, con mucho mayor sustento:

—Si tú me amaras jamás me pedirías eso.

Esta inversión necesaria de la pregunta sobre el amor, del demandado hacia el que demanda, se ve de modo muy preciso en una pequeña obra teatral del gran escritor argentino Roberto Arlt titulada justamente *Prueba de amor*, que ha llegado hasta mí gracias a uno de mis maestros, Hugo Dvoskin, y que reproduzco aquí, con mis palabras.

Un hombre adinerado está en pareja con una mujer que proviene de una condición más humilde. Él, receloso, desconfía del amor genuino de ella y la acusa de quererlo por su dinero. Ella lo niega y él le dice que, entonces, deberá probarlo. La prueba de amor consiste en lo siguiente: él ha llenado la bañera de dinero y dice:

—Ahí está todo el dinero que tengo en el mundo —y, dándole una caja de fósforos, agrega—: Préndele fuego.

Ella, decidida, arroja el fósforo encendido sobre la montaña de billetes que arde rápidamente. Una vez que en la bañera no hay más que cenizas, ella declara que su amor se ha mantenido incólume. Él revela entonces un maletín que ha mantenido oculto y lo abre para mostrar allí varios fajos de billetes.

—El que quemaste era dinero falso. Pasaste la prueba —dice él.

—Sí —dice ella—, pero tú no.

Se da entonces media vuelta y se marcha para no volver.

Ella lo deja, conjeturemos, porque ha descubierto dos cosas: que quien no podía vivir sin dinero era él y, más importante aún, que el amor que él decía tenerle no era un buen amor. Pues si, como dijimos, el amor es un deseo de plenitud hacia el otro, si implica el regocijo por su felicidad... ¿cómo habría este amor de movernos a exigirle a nuestro amado que renuncie a lo que le hace feliz? Muy por el contrario, el buen amor nos inclina no sólo a consentir las actividades personales y los gustos de nuestro compañero (aun cuando nos molesten), sino a empujarlo a que los sostenga y los haga florecer (incluso aunque nos desagraden).

Lo que sí estoy en mi derecho de hacer, si algo de tu espacio no me agrada (lo cual además es absolutamente sano), es pedirte que no me cuentes de ello. Esto, claro, por efecto de la regla 1: pedirte que no me cuentes equivale a pedirte que no traigas eso al espacio compartido y hemos establecido ya que ambos tenemos derecho al veto, pues allí sólo van las cosas que gozan de nuestro mutuo consentimiento.

## Las verdaderas motivaciones

Si quienes se aman con frecuencia se atribuyen el uno al otro la potestad de restringir la libertad de su compañero, no lo hacen movidos por el amor sino por otras fuerzas u otros sentimientos. Vale la pena preguntarnos entonces: ¿cuáles son esas otras fuerzas? Si decides, por ejemplo, tomar clases de canto, ¿qué razones puedo tener para oponerme?

Podría ser que sienta celos, que no tolere que le dediques al canto una atención que quisiera para mí...

... o que sienta envidia, que me fastidie que tú tengas una actividad placentera sólo para ti y yo no consiga desarrollar algo equivalente...

... o que me dé vergüenza, que considere que cantar es una actividad reprochable y que me incomode estar con alguien que lo hace...

... o que me produzca inseguridad, que tema que tu gusto por el canto acabe alejándote de mí...

... o que me deje llevar por la posesividad, que no tolere que algo que no sea yo te haga feliz...

Seguramente todas estas razones son verosímiles, frecuentes, incluso comprensibles. Muchos de nosotros hemos sido (o aún somos) presa de estos sentimientos en un momento u otro. Pero más allá de eso, lo que esta enumeración evidencia es que ninguna de ellas me habilita a pedirle a mi pareja que abandone sus clases, ni a sentirme ofuscado si ella no lo hace.

Si yo siento celos, envidia, vergüenza o inseguridad, es un problema mío: tú no tienes por qué hacerte cargo de eso, no sería sano que lo hicieras. Si me amas y si quieres (porque tampoco te corresponde), quizá puedas ayudarme a superar y a trabajar sobre estos sentimientos algo mezquinos; pero eso no significa evitarme las situaciones que me producen malestar.

Cuando, para intentar aliviar cualquiera de estas miserias que pueden aquejarme, le pido al otro que haga tal o cual cosa en nombre del amor, no se trata de otra cosa que de una manipulación. Un intento de moverte en la dirección que yo deseo, sin pedírtelo.

¿Y por qué manipulamos? Pues bien, porque pedir tiene dos desventajas muy poderosas. La primera es que implica rebajarse. Si yo te *pido* significa que tú tienes algo que yo necesito o quiero (de lo que yo carezco), y estoy por debajo de ti. Cuando pido estoy mostrando (y mostrándote) que no tengo todo lo que quiero y que (por lo menos en este momento) requiero de ti para conseguirlo; muestro mi debilidad. Lamentablemente, solemos ser demasiado orgullosos, nos cuesta mucho tener la humildad necesaria para pedir.

La segunda razón por la que eludimos pedir es que implica recibir un "No". Si yo te pido algo tú puedes aceptar mi pedido o rechazarlo con total libertad. Si yo me enojo cuando dices que no es porque supongo que no tienes ese derecho; no era un pedido sino una exigencia encubierta.

La manipulación logra evitar estos dos aspectos que nos resultan difíciles. Por un lado, presenta motivos que aparecen como muy nobles y por el otro "obliga" a la pareja a hacer lo que esperamos si no quiere sufrir ciertas consecuencias.

En las situaciones que nos ocupan, estas consecuencias suelen ser la culpa por el sufrimiento de nuestro compañero, su juicio adverso o el miedo frente a la perspectiva de la separación. Algo así:

—Si tú me lo pidieras yo lo haría... (Si no lo haces te vas a sentir culpable.)

—Será entonces que no me amas como dices... me decepcionas. (Si no lo haces voy a pensar que eres una mala persona.)

—Si continúas con eso no sé si podemos seguir juntos. (Si no lo haces vas a perderme.)

Se ve a las claras que esto no es otra cosa que un chantaje. El modo de lidiar con cualquier tipo de coacción es denunciarlo como tal y no acceder a las demandas. Ya en otros textos he citado esta frase de la serie *24* (pero me encanta y por eso la repito):

—No se negocia con terroristas.

Habrá que pensar, sí, estrategias para defenderse de las consecuencias con las que se nos amenaza. Pero calmar (momentáneamente) al chantajista dándole lo que pretende no consigue más que reforzar su idea de que ésa es la manera de conseguir lo que quiere.

## Amar es otorgar libertad

Sean bien o mal intencionadas, las tentativas de decidir sobre lo que sucede en el espacio personal del otro son invasiones y debemos rechazarlas si somos objeto de ellas, así como abstenernos de cometerlas nosotros.

Conclusión: lo que nuestra pareja hace en su espacio personal es asunto suyo. Él o ella pueden hacer ahí lo que les dé la gana y nosotros no tenemos derecho a objetarlo ni a ofuscarnos. Turf se equivoca: no es necesario perder la libertad para amar. Muy por el contrario: amar implica dar al otro una libertad completa.

—¿Completa?

— Sí, completa.

—¿Me estás diciendo que mi pareja puede hacer con su vida lo que quiera?

—Sí.

—¿Lo que quiera... lo que quiera?

—Sí.

—¿Y yo tengo que soportarlo?

—¡No! Tú puedes decidir no estar más con esa persona si lo que hace te desagrada lo suficiente. Pero no tienes derecho a enojarte ni a exigirle que lo deje, ni siquiera a acusarlo de no amarte por eso.

## La desviación de recursos

La rigurosidad y honestidad teórica nos imponen todavía responder algunas preguntas más antes de aceptar cabalmente la regla 2. ¿Qué sucede, por ejemplo, si lo que mi pareja decide hacer en su espacio personal, en su propio tiempo libre y en soledad (o en compañía de otros) es, digamos, jugar a la ruleta en el casino? ¿No tengo acaso derecho a enojarme? ¿No puedo protestar dado que es mi pareja?

Creo que lo que me habilita a objetar, en este caso, es que es muy probable que la actividad de juego que mi pareja lleva a cabo absorba el dinero que habíamos acordado destinar a nuestro proyecto compartido. El problema no es lo que él o ella hace en su espacio sino que me ha arrastrado a mí, sin mi consentimiento. En los términos de lo que venimos hablando: ha violado la regla 1, no la 2. Si mi pareja consiguiera mantener su afición al juego sin desviar recursos (dinero, tiempo, atención) que le pertenecerían a la pareja o desviando apenas lo suficiente como para que el proyecto compartido no se empobrezca, en ese caso, creo que habría que concluir que está en su derecho a sostenerla aunque a nosotros no nos agrade.

Esto no es una apología del juego. Pero una cosa es que yo juzgue determinada actividad o ideología como nociva o, aun, aborrecible, y otra muy distinta es que me arrogue el derecho de decidir sobre ti, sólo porque eres mi pareja. Mi *deber*, como alguien que te ama, es el de aconsejarte respecto a aquello que creo que es malo para ti o para la relación... pero si tú estás convencido, si tu deseo es persistir en esa decisión (y desoír mi consejo), entonces no puedo hacer más que aceptarlo (y decidir, luego, si me quedo a tu lado o no).

Debemos entonces refinar un poco la regla de la *suficiencia*. Quedaría algo así: cualquiera de los integrantes de la pareja puede hacer en su espacio personal lo que desee, siempre y cuando pueda (si así lo quiere) mantenerlo allí. Ésta es la razón por la cual nadie puede tener en su espacio personal una segunda familia o ganarse la vida cometiendo estafas a espaldas de su pareja. Es imposible que esas cosas no se "derramen" sobre el espacio compartido, es imposible que no consuman recursos que hacen falta en la pareja y, para colmo, eso es perfectamente previsible desde el comienzo. Nadie puede dormir fuera de casa tres días a la semana sin prever que generará dudas en su pareja... Nadie puede pensar, sensatamente, que podrá dedicarse al fraude bajo la máscara de un modesto trabajo de oficina, sin que su esposa se pregunte alguna vez de dónde viene todo ese dinero... Por eso, cuando todo salga a la luz, deberá responder no sólo ante la ley sino también ante su pareja por haberle impuesto compartir algo que ella no deseaba.

## La intimidad

Cabe, me parece, una última objeción: ¿no son estos últimos casos distintos sólo en magnitud a, digamos, irse a tomar un café con un amigo? ¿Acaso no estás usando para ello un tiempo que podrías haber dedicado a la pareja? ¿No me habilitaría eso a exigirte que lo abandones para no perjudicarme con la pérdida de ese recurso? No lo creo.

Ésta es la razón: el tiempo que dedicas a tomar un café con un amigo podría ser dedicado a la pareja, es verdad, pero no la empobrece si va a parar a otro sitio: hay suficiente tiempo para todos los cafés que tú y yo querramos compartir. Los cafés que te tomas con un amigo no demeritan los que podrías tomarte conmigo. En cambio, los días que un hombre pasa con su segunda familia *sí* son días que no pasa con la primera (y viceversa, por supuesto). El dinero que alguien se juega en el casino casi seguro es dinero que falta para la familia...

No se me escapa que, planteada de este modo, la diferencia no deja de ser una cuestión de magnitudes. Ello establece todo un campo de matices intermedios en el que acabarían muchas de las prerrogativas sobre las libertades de uno y otro que una pareja podría tener. No es suficiente. La distinción entre las actividades que pueden ser ubicadas verdaderamente en el espacio personal de cada uno y aquellas que no podrían serlo porque, tarde o temprano, se deslizarían hacia el espacio compartido, no pueden quedar sencillamente en una cuestión de subjetividades o de sentido común. Debemos ir más allá, aunque nuestra investigación nos conduzca a un terreno resbaloso.

La verdad a la que arribamos es, tal vez, un poco desagradable:

El límite que separa lo que yo puedo hacer con mi vida y lo que no puedo, sin dejar de respetar tu lugar como pareja, está dado por la pregunta: ¿podría mi pareja nunca enterarse de ello? Si algo está verdaderamente en mi espacio personal entonces debería ser posible, si yo así lo quisiera, que tú nunca sepas de ello. Si, por el contrario, yo hago algo de lo cual es inevitable que te enteres, entonces era realmente algo perteneciente al espacio compartido.

Esto no quiere decir que para que algo sea personal debe estar oculto; quiere decir que *podría* permanecer oculto o, más específicamente, que tú podrías no saber de ello ni experimentar sus efectos jamás. Y esto no se debe al ocultamiento en sí, sino a que el hecho de que no lo percibas prueba que no te afecta. Si los efectos de lo que yo hago repercuten en ti, aunque no sepas de dónde vienen, entonces sabrías que ahí hay algo.

La posibilidad de que algo no se sepa tiene un nombre: *intimidad*. El espacio personal de cada uno es íntimo por definición. Por eso, la pregunta de si una determinada actividad o decisión podría permanecer en mi intimidad es un preciso indicador de en qué espacio estoy y, en consecuencia, de qué cosas puedo decidir sin consultarte. Para las cosas que son íntimas no necesito tu permiso, ni tú el mío.

Muchas veces, muchísimas, decidimos revelar lo que sucede en nuestro espacio íntimo. Y eso está perfecto, y puede ser muy saludable y reconfortante... siempre que sea nuestra decisión. Nadie puede forzarnos ni empujarnos o coaccionarnos para que contemos lo que sucede allí. Contar o no contar es nuestro privilegio irrevocable.

Pensar que la pareja cancela el derecho a la intimidad es o bien una ingenuidad o bien una excusa para realizar actos maliciosos.


### ¿Un caso especial?

Quizás hayas notado que, hasta aquí, he evitado mencionar un aspecto que surge siempre que se habla de las *libertades* que le otorgamos o restringimos a nuestra pareja.

Hablo por supuesto de la sexualidad.

Lo he eludido con toda intención porque creo que merece una discusión aparte... ¿Valen para la sexualidad las mismas consideraciones que hemos discutido en este capítulo? ¿Es la sexualidad en la pareja algo compartido o, por el contrario, cae dentro de nuestro espacio más íntimo? ¿Qué sucede cuando lo que aparece como deseo personal de nuestra pareja incluye a otra persona? De todo esto, nos ocuparemos en el siguiente capítulo.

CAPÍTULO 6

# Celos

*I want a girl who laughs for no one else,*
*when I'm away she puts her makeup on the shelf*

(Quiero una chica que ría sólo para mí
que cuando no estoy deje el maquillaje en la repisa)
WEEZER, "No One Else" (Ningún otro)

Cuando me ha tocado hablar de las cuestiones que expuse en el capítulo anterior, sea frente a conocidos o en algún tipo de evento público, la mayoría de las veces consigo (con mayor o menor dificultad) convencer a algunos de que no tenemos derecho a legislar sobre lo que nuestra pareja hace en su espacio personal. A regañadientes o no, muchos acaban por aceptar el hecho de que, el que a mí no me agrade que hagas tal o cual cosa, no me da derecho a exigirte que lo abandones.

Sin embargo, siempre acaba por surgir una objeción. Más tarde o más temprano, alguien formula la pregunta:

—¿Qué sucede si lo que mi pareja quiere hacer en su espacio personal es acostarse con otra persona?

¿Debo aceptarlo sin más porque es algo suyo y no me incumbe? ¿No tengo acaso el mínimo derecho a protestar? Y si lo

107

tengo... ¿dónde se ha de trazar el límite? ¿Cómo definimos cuáles son las cosas permitidas y cuáles las inaceptables?

Todas estas preguntas son muy válidas y de difícil respuesta; intentaré irlas diseccionando.

## El sexo nos vuelve especiales

Comencemos por establecer que en ningún ámbito nos es más difícil aceptar la libertad de nuestra pareja que en el de la sexualidad. Podemos, en ocasiones con facilidad y en otras con algo de renuencia, consentir que nuestro compañero o compañera jueguen al tenis con otro, que vayan al cine y hasta que tomen un café... Pero en cuanto la sexualidad asoma, aun de modo sutil, las sirenas comienzan a sonar y las luces rojas a girar enloquecidas: "¡Alerta! ¡Alerta!". Inmediatamente nos ofuscamos o nos sentimos amenazados y nos consideramos con todo derecho a reclamar.

—¡Hey! Eso está fuera de los límites. Puedes tomar un café con ella, pero no tomarla de la mano...

—Puedes jugar al tenis con él... ¡¡No quedarte después a tomar una cerveza!!

—No me molesta que hables con otras mujeres, ¡pero ella es tu exnovia!

¿Qué es lo que hace diferente a la sexualidad de cualquier otro aspecto de la relación como para que reciba este trato particular? Y más aún... ¿Es justificada esta diferencia? ¿Deberíamos conducirnos con respecto al sexo igual que lo hacemos con las otras facetas de la pareja?

Creo que la diferencia surge de que el sexo es, desde el sentido común, aquello que distingue una relación de pareja de cualquier otro tipo de relación. Es, para retomar la metáfora culinaria del capítulo 2, *el ingrediente especial*. Como dijimos, *amor* puede haber en muchas clases de vínculos (hijos, amigos, familiares), proyectos también (socios, familia). Pero pareciera que si hay sexo estamos en el campo de la pareja.

Como creo que ha quedado claro, disiento de esta visión, pero es la que está establecida. Si la aceptamos, el sexo se convierte en aquello que, a los ojos de mi compañero, me distingue a mí de todos los demás: es, en suma, lo que me vuelve especial, único.

Si tienes sexo con otra persona, entonces yo soy uno más. No soy imprescindible ni irreemplazable, y eso es muy difícil de soportar. Ésta es la perspectiva nefasta que la idea de la "otra persona" nos despierta. Si aborrecemos la perspectiva de la infidelidad no es tanto, como se supone, por miedo a perder a nuestra pareja, sino porque revela lo que en el fondo sabemos, pero denodadamente intentamos negar: que no somos únicos ni necesarios en la vida de nuestra pareja.

Supongo que habría algunos de ustedes que quisieran objetar:

—Mi pareja sí es única y necesaria para mí.

Podrían usar dos argumentos. El primero sería apelar a algún tipo de orden superior como el destino o la sincronía. Ya he expuesto varias razones por las cuales considero conveniente desconfiar de este tipo de concepciones. Aquí hay una más: el mundo está lleno de parejas que suponían estar destinadas el uno al otro y que acabaron siendo tremendamente infelices. Si creemos en cualquier tipo de teoría del *uno para el otro* tendríamos que concluir que no tienen salida: eso es lo que les ha tocado. Mejor suerte para la próxima vida.

El otro argumento posible me parece más sólido. Un hombre que está casado hace veinte años podría sostener:

—Mi esposa es única para mí, no hay otra mujer que pueda ocupar su lugar. La necesito, viviría muy mal sin ella.

Todo esto puede ser cierto. Sin embargo, este caso tampoco escapa a la regla de que no somos únicos para el otro; el punto radica en que su esposa *ha devenido* única para él. No lo era cuando comenzaron a salir ni, posiblemente, el día en que se casaron.

Un gran ejemplo de esto lo encontramos en la película británica *45 años*. Allí se nos muestra a una pareja que está a punto de cumplir 45 años de matrimonio. Geoff y Kate han vivido felices durante todo ese tiempo. Sin embargo, pocos días antes de su aniversario, una noticia irrumpe en su mundo: han encontrado el cadáver de una antigua novia de Geoff congelada en un glaciar. El descubrimiento moviliza a Geoff y provoca dudas en Kate. Éstas se resumen en una pregunta que Kate formula en un momento clave de la película:

—¿Si no hubiera muerto, te habrías casado con ella?

Geoff responde con la sinceridad que 45 años de matrimonio posibilitan:

—Sí.

Ésta es una comprobación terrible para Kate, pues es como si Geoff le hubiera dicho: "Fue contigo pero bien podría haber sido con la otra".

Ella es única y necesaria para él, pero podría no serlo. Nada hay de esencial en ella que la haga irreemplazable para él; si lo es, fue debido a las circunstancias.

Ésta es una verdad a la que todos deberíamos despertar, aun cuando sea dolorosa. De lo contrario, sobrellevaremos muy mal las múltiples oportunidades en que la vida nos mostrará, de modos más o menos sutiles, que podría ser otro quien ocupara nuestro lugar.

## No hay celos buenos

Cuando no podemos tolerar esta perspectiva, surge en nosotros un sentimiento característico. Hablo, por supuesto, de los celos. Lo que éstos dicen es:

—No quiero que quieras a otro que no sea yo.

Ese *otro* bien puede ser una persona, que es lo más común, pero también puede ser un grupo de personas (la familia, los amigos), una actividad (el futbol, la televisión, el baile) o un espacio (el club, la iglesia, el partido político). Cualquier cosa puede funcionar como un *otro* que despierte celos si ocupa suficiente lugar en la atención de aquel a quien celamos. Lo que verdaderamente digo cuando siento celos es:

—No quiero que quieras otra cosa que a mí.

Podemos entrever entonces la dimensión tóxica que tienen los celos.

Todos hemos sentido celos. Esto parecería indicar que son normales. Y es posible que lo sean, en el sentido de que experimentar celos es la *norma*. Sin embargo, el hecho de que estén extendidos y de que todos los suframos, en mayor o menor medida, no los convierte en algo saludable. La normalidad no hace a la virtud.

En general se propone que los celos, en magnitud moderada, son deseables para una pareja:

—Le ponen sabor —suele decirse.

Son tomados como una expresión sana del amor y la pasión, y especialmente, como una demostración de nuestros sentimientos. Se apunta al hecho de que sólo se siente celos hacia lo que se ama (lo cual ya de por sí es discutible) y se cree que, por ello, son una consecuencia inevitable del amor.

—Si no sientes celos es que no amas de verdad —dice la sabiduría popular.

No estoy de acuerdo; es más, estoy en profundo desacuerdo. Eso es como pensar que, dado que no se puede padecer tuberculosis sin tener pulmones, entonces "si no tiene tuberculosis no es un verdadero pulmón". Es perfectamente posible amar sin celar. Difícil, pero posible.

Iré aún más allá: no sólo considero que los celos no son inherentes al amor sino que creo que le son contrarios. Van en el sentido opuesto. Como lo hemos dicho, el amor es un sentimiento que nos empuja a desear la felicidad del ser amado. Si yo te amo... ¿cómo habría de oponerme a las cosas que te hacen feliz, aun cuando esas cosas me quiten algo de tu tiempo y tu atención? ¿Si yo te amo, cómo habría de anhelar que desaparezcan las otras cosas que amas para que yo no me sienta disminuido al comprobar la multiplicidad de tus amores?

Entre menos celos haya entre nosotros, mejor será el amor que nos prodigamos. La cantidad ideal de celos en un vínculo es: cero. No hay "celos buenos" o "celos lindos", que le hagan saber al otro que lo queremos. Los celos no son un sentimiento noble que se desboca y se retuerce cuando crece demasiado. Los celos son tóxicos por naturaleza, porque proponen que el otro renuncie a sus deseos en función de mis propias necesidades.

Si cuando nos celan nos sentimos queridos es porque padecemos de la misma dolencia que el celoso: entendemos mal de qué se trata amar. Los celos no son una expresión del amor que tenemos hacia el otro sino, en todo caso, de cuánto lo necesitamos (que es algo muy diferente).

## Métodos de control

Los métodos que solemos usar para calmar el malestar que los celos nos producen son tan perjudiciales como los celos en sí mismos.

Lo primero que surge es el impulso de pedirle al otro que modifique su actitud; que ya no haga tal o cual cosa: que borre de su teléfono el número de su ex, que no salga tanto con sus amigos, que dé informes de lo que hace. Al comienzo, casi siempre, los pedidos parecen muy razonables y es fácil creer que satisfacerlos producirá alivio. La experiencia indica que no es así.

—Demuéstrame que puedo confiar en ti —demandan los celosos.

Pero las demostraciones nunca son suficientes y, cuando parecen serlo, la calma dura apenas unos breves momentos. En cuanto cambia la escena o los actores, regresan las sospechas, las acusaciones y (muchas veces) las agresiones. Por ello, poco puede hacer el compañero de un celoso para calmarlo, y no se trata, en absoluto, de "portarse bien". No existen los celos "justificados", no hay tal cosa como:

—Tú me pones celoso.

Más bien es:

—Yo me pongo celoso por ti.

He visto a hombres y mujeres sentir celos frente a las actitudes más insignificantes. Y he visto también a otros permanecer absolutamente confiados frente a cuestiones que muchos considerarían sospechosas. Algunos podrán pensar de estos últimos que son ingenuos, incluso algo tontos. Yo, por mi parte, les declaro mi admiración y mi respeto.

El método de "evitar las situaciones problemáticas" es tanto ineficaz (nunca alcanza) como perjudicial (restringe el "vuelo" del compañero).

La segunda estrategia a la que solemos apelar para calmar nuestros celos es aparentemente muy civilizada. Consiste en establecer ciertas reglas que ambos habremos de respetar. Se establecen entonces largas listas de conductas que están "fuera de los límites". Algunos de los ítems se acuerdan de modo explícito, otros se consideran sobreentendidos y los restantes se van definiendo en la medida en que nuestra pareja reacciona con enojo:

—¡Uy! ¡Cómo se puso ayer porque volví a las 4 a.m.! Se ve que eso no se puede.

Las listas pueden ser extensas y variadas, y todos podemos imaginarnos muchos de sus puntos:

—No puedes mirar a otros cuando vamos juntos por la calle.

—No puedes tener amigos del sexo opuesto.

—No puedes vestirte demasiado provocativa.

—No puedes ir a lugares que se consideren de ligue.

—No puedes salir con *esas amigas* que están solteras.

—No puedes mirar el programa de televisión donde sale *ese* actor.

—No puedes mantener contacto con tus ex.

—No puedes tener secretos con otra persona.

—No puedes mirar pornografía.

—No puedes volver a casa tan tarde.

Por supuesto que establecer esta lista es, de por sí, una tarea problemática. Los límites de estas "leyes" son siempre difusos: ¿cuántos centímetros de escote implican estar demasiado provocativa? ¿Cuán tarde es demasiado tarde? ¿Qué porcentaje de amigas solteras es aceptable en una salida? Parece broma, pero no lo es. A menudo las parejas se internan en discusiones inter-minables sobre los detalles más mínimos intentando determi-nar (como en el futbol) si hay o no *fuera de juego*:

—Ese lugar es para ligar.

—Nada que ver.

—Todos los bares irlandeses son de ligue.

—La última vez que fui estaba lleno de parejas.

—¡Ah! Entonces puedo ir.

—No, la reunión es "sin pareja".

—¿Y eso quien lo dijo?

—Ramiro.

—¡Claro! Porque Ramiro es un liviano.


—¿Qué haces?

—Nada.

—Lo miraste.

—¡No!

—¿Te crees que soy idiota?

—Me pareció que lo conocía.

—¿De dónde lo conoces?

—No lo conozco... pensé que era, pero no.

—¿Quién pensaste que era?

—Mariano.

—¡No se parece en nada a Mariano!

—¡Sí, tiene un aire!


—¿Por qué le sonreías así?

—¿Así, cómo?

—Así, como lo hiciste.

—Nada... fue buena onda.

—Ésa no es una sonrisa "buena onda".

—¿A ver? ¿Cómo es una sonrisa buena onda?

—Y, por ejemplo, sin tocarle el brazo.

—¡No fue el brazo, fue el hombro!

Y así siguen estos intercambios en los que jamás se llega a un acuerdo. Se extienden por horas o se retoman una y otra vez en cada nueva discusión, dejando a su paso un resabio acumulado de rencor.

He conocido algunas parejas que sostienen haber conseguido un *sistema de reglas* que ambos eligieron respetar y con el que se encuentran cómodos. Me permito dudar. Me parece probable que, en el fondo, ambos resienten un poco la pérdida de libertades.

Y aunque mis dudas sean infundadas y existan aquellos que acepten los términos que su compañero impone sin resentirse, aun así sus vidas se empobrecerán. Aquello que hay que evitar para alejarse de los *terrenos grises* es considerable y suele ir bastante más allá de lo que abarca el campo evidentemente sexual (por otro lado, no es tan sencillo definir qué es sexual y qué no lo es).

En ocasiones tengo la impresión de que algunas personas, movidas por los celos, restringirían, si pudiesen, *todo* (todo lo que no los incluye, claro):

—¡No! No comas ensalada de frutas sin mí; te gusta demasiado.

—¿Jugar al ajedrez con tu hermano? ¿Qué tiene él que yo no?

—¿Pensar sin decirme lo que piensas? ¡¿Estás loco?!

Quizá la única razón que previene de hacer estas demandas generalizadas es que no cuentan con la suficiente aprobación social. Se exige lo que se puede exigir; lo que es políticamente correcto exigir. El sexo está aceptado en la cultura como algo que debe ser exclusivo y por ello es el material perfecto para las demandas de los celosos, pero, si pudieran, irían más allá. Incluso sospecho que, algunas veces, las personas le adjudicamos un componente sexual a una situación (aun sabiendo que no lo tiene) para tener una buena excusa moral. Así, nos autorizamos a hacer un reclamo que de otro modo sería insostenible.

Quienes celan intentan siempre poner la moralidad de su lado. Señalan con avidez las faltas de su compañero y con premura lo acusan de inmoralidad. Están convencidos de que la opinión pública está de su lado y, a menudo, lo presentan como argumento:

—Pregúntale a cualquiera y te va a decir que eso no está bien.

—Fíjate si alguno de los novios de tus amigas toleraría algo así.

En concordancia con esto, he escuchado a muchas personas que dicen aceptar las restricciones impuestas por sus parejas porque, de transgredirlas, perderían el sustento moral para reclamar, a su vez, que su compañero también se ajustara a ellas. Es decir: "No tomo clases de tenis con la profesora que te da celos porque si lo hago no podré pedirte que abandones el gimnasio en el que trabaja ese entrenador personal tan musculoso".

De más está decir que ésa no me parece una buena razón.

Finalmente, y aun cuando funcionen durante algún tiempo, estos acuerdos son precarios por naturaleza. Tarde o temprano, alguno de los dos acabará por transgredirlos (con intención o sin ella) y toda la estructura se vendrá abajo.

Conocí hace algún tiempo a una mujer que había descubierto a su marido viendo pornografía. Se habían casado tan sólo unos meses atrás, después de haber sido novios desde los 17 años y sin que ninguno de los dos hubiera tenido otras relaciones. La impresión que ese descubrimiento le había causado a la flamante esposa era tremenda. ¡Él podía excitarse viendo a otras mujeres! Ella nunca lo había creído posible. ¿Qué significaba eso? ¿Qué más podía haber? La puerta se había abierto y ahora cualquier cosa era posible...

Una vez que se ha vulnerado alguna de las "leyes", aunque sea de modo nimio y casi inofensivo, no hay razón alguna para confiar en que las otras se sostendrán. La fragilidad de toda la estrategia queda expuesta y las sospechas se instalan con la tenacidad de un espíritu maligno.

### Invadir la privacidad

Cuando la estrategia de las *restricciones acordadas* fracasa (porque alguno de los dos ha transgredido las reglas o porque nunca han logrado confiar el uno en el otro) suelen instalarse mecanismos aún más dañinos. Recurrimos, tristemente, a métodos de control directo: espiar, revisar, husmear.

En los últimos años y debido al avance de la informática, estas conductas, que han existido siempre, se han extendido como una verdadera epidemia entre las parejas. Revisar el teléfono móvil, inspeccionar la cuenta de correo electrónico, usar las diversas redes sociales para monitorear las actividades del otro... Las formas en que se vulnera la intimidad del otro hoy en día son tan variadas como la cantidad de dispositivos o plataformas virtuales que existen.

Todo ello ha configurado un nuevo modo de *espionaje casero*; tanto que ha merecido un término específico derivado del mundo de la informática: *snooping* (algo así como *fisgoneo*). La facilidad en el manejo de la información que caracteriza a nuestra cultura posmoderna les ha quitado a estos actos una buena parte de su componente de "clandestinidad", lo cual las ha vuelto aparentemente más aceptables e inocentes.

Sin embargo, no debemos confundirnos. Puede parecernos distinto revisar un teléfono que hurgar en los bolsillos de un traje, pero no lo es; puede parecernos más aceptable leer los mails del otro que su diario íntimo, pero no lo es; puede horrorizarnos menos que alguien haga constantes llamadas a su pareja para ver "en qué anda" que el que alguien contrate a un detective privado para seguirla, pero, en el fondo, es igual.

Actualmente gran parte de nuestra vida social pasa a través de las redes sociales (Facebook, Twitter, Instagram) o está mediada por plataformas de comunicación digital (SMS, mail, WhatsApp). Así, cuando los amantes tienen acceso al smartphone de su pareja (para leer sus mensajes, ver su lista de contactos, buscar archivos...) es casi como si miraran, con rayos X, toda la vida de su *partenaire*. De pronto todo el mundo interno de la otra persona está allí, revelado, frente a sus ojos. Eso es posiblemente lo más cercano que la humanidad ha conocido a una verdadera *lectura de la mente*. Para colmo de males los teléfonos móviles están siempre allí, al alcance de la mano... Se entiende que la tentación sea grande.

Sin embargo, la tentación de fisgonear debe ser resistida. Por dos razones: que *está* mal y que *hace* mal.

Lo primero porque constituye una clara invasión a la privacidad y la intimidad del otro. Aunque, la verdad sea dicha, esta razón jamás ha detenido a alguien. Quienes realizan estas conductas saben perfectamente que es algo que *no deberían* hacer. Si lo hacen es porque otras fuerzas más poderosas los empujan en ese sentido y, en todo caso, porque ignoran lo segundo: que más allá del malestar que podemos ocasionarle a nuestro compañero, nosotros tampoco saldremos ilesos de entrometernos en su intimidad.

## Quiero saberlo todo

Las personas que se permiten invadir los espacios privados de sus parejas suelen justificarse de diversos modos. En ocasiones se amparan en la idea de que quienes se aman deben saber todo, el uno del otro. Esto es una falacia: no sólo no es necesario que dos personas que se aman se cuenten todo, sino que es perjudicial. Las personas necesitamos espacios privados. Hay pensamientos que preferimos callar, emociones que decidimos no comunicar y actividades de las que no queremos hacer partícipe a nuestro compañero. Y tenemos todo el derecho del mundo a ello. La necesidad de intimidad es tan grande que, si no está avalada por nuestra pareja, encontrará otros modos más retorcidos de hacerse presente. Quiero decir: si no hay lugar para la intimidad y la privacidad de cada uno, lo que habrá serán secretos y mentiras entre ellos.

Lo interesante es que esto sucede aun contra la voluntad de los involucrados. ¿Se imaginan cómo sería el encuentro de una pareja que intentase contarse absolutamente *todo*?

Después de una jornada de trabajo, ambos se sientan y uno de ellos dice:

—Bueno, cuéntame todo.

Luego de varias horas de declaración, concluye:

—Listo terminé, ahora tú...

Sería verdaderamente insoportable Y fútil. Porque aun cuando alguien se propone "contarle todo" al otro, nunca lo consigue. Siempre queda algo de lo que ni él mismo se ha dado cuenta, algo en lo que el compañero puede encontrar el argumento perfecto para decir:

—¡Ajá! ¿Ves? No eres totalmente honesto.

## El que busca, encuentra

Esta situación brinda otra excelente coartada para justificar la invasión de la intimidad del otro. Muchas personas sostienen:

—Yo reviso porque, cada vez que lo hago, encuentro algo.

Creen que el hecho de descubrir que su pareja les ha ocultado o mentido les da derecho a continuar inspeccionando y hurgando en su privacidad. De ningún modo. Para empezar, es muy posible que *eso* que encuentran no sea algo que el otro haya querido ocultar deliberadamente. Podría suceder que no le pareciera importante comentarlo o no sabe que estaba allí pues, como dijimos, es imposible contar absolutamente todo. Para aquellos que estén pensando: "Bueno, no es necesario que cuente todo, sólo lo importante (o, más bien, sólo lo sospechoso)", les aseguro que saber por adelantado qué resultará significativo o amenazador para nuestra pareja es igual de imposible.

Una vez, un joven vino a verme muy angustiado. No sabía cómo hacer para que su novia creyera en su inocencia. Ella había encontrado en el auto que ambos compartían, a los pies del asiento del acompañante, un prendedor de cabello en forma de mariposa que no le pertenecía. Los colores y brillos del broche parecían burlarse de ella. Era un artículo femenino, no había duda.

Ella lo había interpelado sin rodeos:

—¿Y esto de quién es?

—¿Qué es eso? —dijo él en un primer momento, extrañado.

—Dímelo tú, estaba aquí.

—No tengo idea de dónde salió —dijo él sinceramente.

—Sí, claro —respondió ella con ironía.

Desde el descubrimiento del broche, los días habían sido un martirio. Ella no cesaba de dispararle preguntas que él no podía contestar. Sinceramente no tenía idea de cómo había llegado el prendedor a su auto ni a quién podría pertenecerle. Él era de carácter bondadoso y, lejos de enojarse con ella, sufría pues quería darle una explicación que la tranquilizara pero, simplemente, no la tenía. Ensayó todo lo que se le ocurrió, desde las teorías más improbables ("Tal vez lo pisé en la calle, se quedó pegado a la suela y luego se cayó acá"), hasta las más disparatadas ("a lo mejor es tuyo y no lo recuerdas"). Elucubraciones todas que no hacían más que convencer a su novia de que él le mentía. Intentó también forzarse a recordar si alguna mujer había viajado en su auto, pero no lo consiguió. Hasta consideró armar una historia que, aunque falsa, fuera lo suficientemente creíble como para que su novia lograra apartar de su mente la idea de que él la engañaba. Descartó la idea: tener que mentir para demostrar una inocencia verdadera era demasiado cínico.

No hubo modo de que ella entrara en razón. Simplemente, el tiempo fue diluyendo el suceso. Sin embargo, cada vez que se rozaba el tema, apenas ligeramente, ella sentenciaba: "Como aquella vez que me mentiste con lo del prendedor...". Por más que él estaba dispuesto a "contarlo todo" no pudo hacerlo o, dicho de otra manera, el "todo" que él podía contar no era suficiente para ella.

A todos aquellos que argumentan:

—Yo busco porque encuentro.

Podríamos responderles:

—No, tú encuentras porque buscas.

Es prácticamente imposible que las intromisiones en la privacidad de nuestra pareja no terminen en el hallazgo de algún tipo de *traición*. Quien busca está predispuesto a encontrar precisamente eso e interpretará cualquier frase, situación o dato que le resulte mínimamente ambiguo de la peor manera. Tanto es así, que el *investigador* no se detendrá hasta que encuentre algo. En mis años de experiencia clínica jamás he conocido a alguien que habiendo revisado el teléfono celular de su pareja un par de veces no se le despertara sospecha alguna y abandonara la conducta diciendo:

—Estoy tranquilo. He comprobado que no me engaña.

Eso no ha sucedido ni sucederá jamás. La calma que pueden brindar las conductas de comprobación es en extremo efímera. Desaparece prontamente y se hace necesario volver a inspeccionar y revisar. Así, el círculo no se detiene hasta que aparece *algo*.

Resultado: invadir la intimidad del otro termina siempre mal.

No sólo podemos malinterpretar lo que encontramos a través del monitoreo, el control o la intromisión sino que nuestra propia actitud contribuye a que se generen nuevas y mayores redes de ocultamiento y tergiversación.

Es posible pensar que, si no buscáramos, si no invadiéramos, evidentemente no sólo no encontraríamos, sino que ese secreto o esa mentira no estaría allí: tal vez hubiera sido algo que nuestra pareja se hubiera atrevido a hablar con nosotros, aun cuando creyera que en algún punto podría no agradarnos.

Cada pesquisa que realizamos, cada escena de celos que montamos, refuerza en nuestra pareja la idea de que somos irracionales, de que no podemos escuchar ciertas verdades ni tolerar el menor atisbo de la presencia de un tercero. Él o ella termina por pensar así:

—Si se enojó porque estaba Andrea en la fiesta... ¿cómo se va a poner si le digo que me la encontré en la calle? Si le digo que fue casualidad no me va a creer... Mejor no se lo cuento.

Esto no es una defensa de la mentira, es tan sólo una advertencia: cuanto más control queremos ejercer, más empujamos al otro a que se maneje en la clandestinidad.

Es cierto que el miedo a la confrontación no debería ser una razón para ocultar situaciones que podrían resultar molestas, pero no es menos cierto que a veces (y más en las parejas) se intenta evitar el conflicto. Por ello, si queremos recibir de nuestro compañero la verdad, lo mejor que podemos hacer es dar muestras de que somos capaces de escucharla, cualquiera que sea.


## Confiar *vs.* saber

La última defensa de los *detectives caseros* es la más difícil de abandonar, por un lado, y la más compleja de rebatir, por el otro. Todo ello porque parece la más razonable y la mejor intencionada:

—Yo me entrometo porque quiero poder confiar en él.

Quien dice esto, sin embargo, no quiere *confiar*; quiere *saber*. Saber, fuera de toda duda, que el otro no lo engaña (en el sentido amplio del término: no lo decepciona, o en el estricto: no le es infiel). Quiere pruebas.

Pero resulta que confiar es, justamente, creer sin pruebas. Si uno posee pruebas no tiene confianza, tiene certeza. Y, para que una pareja funcione, es necesario confiar en el otro. Es decir, es preciso no pedirle pruebas de su veracidad.

Si alguno de los dos no puede confiar en el otro y debe recurrir a comprobaciones de cualquier tipo, la pareja ya tiene un problema. Habrá que trabajar sobre la confianza mutua, sobre qué sucede entre nosotros para que yo no pueda creer en ti o viceversa. ¡Atención!: trabajar en la confianza no es pedir ni dar pruebas de buen comportamiento, pues eso, como dijimos, no conduce a confiar, sino tan sólo a saber (y las más de las veces ni siquiera a eso).

Los efectos de inmiscuirnos en el espacio privado de nuestra pareja son tan perjudiciales que no sólo debemos refrenarnos de invadirlo deliberadamente sino que es recomendable tomar acciones para evitar hacerlo por accidente. Quiero decir: no sólo es nocivo y reprochable ingresar de modo clandestino al mail de nuestro compañero, sino que, si abriéramos la computadora y (por un azar o un descuido) encontráramos abierto el mail de nuestra pareja, deberíamos apartar velozmente la mirada y cerrar la aplicación siguiendo el puntero con el rabillo del ojo. Si su teléfono suena y en la pantalla aparece "número privado" o bien un número que conocemos, no deberíamos atender. Más aún, si nuestra pareja dice:

—Agarra mi teléfono, busca en el WhatsApp a Romina y mándale un mensaje que diga...

Posiblemente habría que responder, como lo haría Bartleby (el inolvidable personaje de Melville que se abstenía de todo con la misma frase):

—Preferiría no hacerlo.

Entiendo que esto puede ser un exceso de cautela. Sin embargo, me parece que, por un lado (y especialmente cuando la tecnología está de por medio), nunca se sabe del todo por dónde puede filtrarse una información que acabará resultando problemática. Por otro, esta actitud de abstinencia transmite muy bien un mensaje preciso:

—Tu espacio íntimo es tuyo. Yo no entro ahí ni aunque tú me autorices. Debes tenerlo porque es bueno para ambos que haya cosas de las que yo nada sepa.

## Información problemática

Además de que el detective casero siempre terminará por encontrar lo que busca está el problema de qué hacer con la información que ha hallado. Es información *mal habida* y, de hecho, si de un juicio se tratara, sería *no admisible como evidencia*. El fisgón queda frente a una disyuntiva con dos salidas incómodas: para hablar sobre lo que ha averiguado, para preguntar e interrogar más (y siempre se quiere hacerlo) debe confesar su intromisión; si decide callar para no revelar su transgresión, cargará con una inquietud que lo carcomerá.

En esta necesaria precariedad de quien se inmiscuye en la intimidad ajena está, a mi entender, la clave para *defenderse* de las intromisiones. No me agrada la idea de que el único modo de cuidar mi intimidad es llenar de contraseñas, claves ocultas y candados virtuales (o de los otros) todos mis espacios privados. Pienso que tengo derecho a que lo sean y quisiera que tú *elijas* mantenerte fuera, no que te quedes afuera porque no te quede otra opción. Por eso, suelo darles un consejo a aquellos que son víctimas de repetidas intrusiones en su intimidad por parte de su pareja:

—Deja de darle explicaciones.

Si me encontrase en esa posición, confrontado por una hipotética novia o esposa que me pidiera aclaraciones, yo quisiera expresarlo así:

—Mira, te lo voy a decir una vez más y va a ser la última: yo no estoy con nadie más. No me interesa. Te quiero a ti (aunque cuando haces estas cosas me dan ganas de quererte un poco menos)... Pero a partir de ahora no voy a darte más explicaciones sobre cosas que encuentres sin mi permiso. Con todo lo que leas en mi teléfono, mis mails o mis redes, estás sola.

Podría explicarte todo, pero no voy a hacerlo. No voy a seguir jugando este juego. Si tienes alguna duda sobre mi amor, vienes, me lo dices y yo voy a repetirte las veces que lo necesites cuánto te amo, pero si vas a mis espaldas con eso te las arreglas sola.

Ésta es una postura muy estricta pues si, en efecto, el celoso se queda con indicios no concluyentes y no recibe las explicaciones tranquilizadoras que busca, va a pasarla realmente muy mal. Es duro, pero necesario.

Evitar dar explicaciones y reiterar una y mil veces su amor son las dos únicas cosas que el celado puede hacer frente a un episodio o frente a una dinámica de celos.

El resto, que es por supuesto la mayor parte, recae sobre el celoso. ¿Qué hay, me dirán algunos, de las parejas en las que ambos son celosos? Pues bien, en ese caso, cada uno tendrá que hacerse cargo de los celos que siente: yo me ocupo de los míos y tú de los tuyos.


## No reaccionar

La responsabilidad de actuar para que los celos no destruyan la pareja es entonces, primordialmente, del que los siente. Y la primera medida que éste debe tomar es, justamente, renunciar a la idea de que sea su pareja quien calme sus celos (cambiando de conducta, dando explicaciones o aceptando prohibiciones). Si quien siente celos no da este paso y no asume que es él mismo quien debe hacer ajustes, la situación no tiene salida.

Si, por el contrario, acepta que *es él o ella quien tiene un problema*, podrá dar con facilidad el segundo paso que consiste en *no reaccionar* (es decir: no actuar de modo reactivo). Si bien es poco probable que alguien pueda, por lo menos al comienzo, dejar de sentir celos de un día para el otro, sí puede decidir no actuar en función de ellos.

Puede renunciar a la pretensión de que sea el otro quien le calme la angustia.

Puede comprender que su enojo está fuera de lugar.

Puede soportar la tensión en lugar de transferírsela a su compañero.

Puede abandonar las acusaciones, gritos, agresiones y comentarios venenosos.

—¿Y qué hago con el malestar que siento? —podría preguntar alguien a quien los celos suelen embargarlo y conoce la magnitud que esos sentimientos pueden tener.

Pues bien:

—Te aguantas.

Te vas a dar una vuelta por el barrio, llamas a tu terapeuta, tomas una clase de taekwondo o miras cuatro capítulos seguidos de tu serie favorita. Lo que prefieras... Pero no la agarres contra tu pareja.

Después, cuando estés un poco más tranquilo (aunque todavía sientas angustia), podrás hablar con él o ella. Podrás contarle cómo te sientes, lo que te pasa. Pero, ¡atención!, debes poner cuidado en que la intención sea la de compartir lo que te pasa, no la de transferirle la responsabilidad de solucionarlo. Para ello habrá que reconocer (en ambos sentidos: identificar y admitir) los propios fantasmas e inseguridades. Muchas veces, incluso, habrá que pedir disculpas:

—Discúlpame. Ayer me fastidié cuando me contaste que estuviste con el grupo de la facultad. Me fui a dar una vuelta porque me había enojado y si me quedaba en ese momento iba a tratarte mal. Me cuesta mucho... pienso que estás con gente con la que compartes todo un mundo intelectual del que yo no soy parte. Imagino que piensas que soy un imbécil...

## Detrás de los celos

Salta a la vista que detrás de los celos están nuestras propias inseguridades. Es como si, en el fondo, no creyéramos posible que el otro nos ame. Somos nosotros mismos quienes nos desvalorizamos y por eso andamos por la vida adjudicándole al otro nuestra propia visión y desconfiando de que pueda elegirnos. Hasta que no veamos lo deseable e interesante que tenemos, difícilmente podremos confiar en que otro lo haga (aunque, en efecto, ése sea el caso). Tendremos que reinterpretar los celos entonces como una brújula que señala un punto sobre el que debemos trabajar en nosotros mismos.

Hay tres direcciones posibles que podemos tomar a partir de esta identificación: o bien descubrimos nuestra valía en ese punto (y en eso nuestra pareja puede ayudarnos devolviéndonos su mirada benéfica); o bien aceptamos que no tenemos esa virtud (aunque seguramente tendremos otras por las cuales nuestra pareja nos elige), o bien nos ponemos a trabajar para desarrollar ese aspecto que nos produce inseguridad.

Esta última opción me parece interesante porque se basa en la comprensión de que, si yo fantaseo con que mi pareja encontrará deseable tal o cual característica de otra persona es, justamente, porque a mí me atrae eso (me atrae tenerlo: no es que yo quiera acostarme con el hombre con quien celo a mi mujer, es que quiero ser como él).

Recuerdo una rutina cómica del grupo Les Luthiers:

En una especie de publicidad de algún servicio de bienestar se promocionaba:

—A los problemas, dígales: ¡No me importa!

Y entonces los integrantes comenzaban a ponerse de pie, uno a la vez:

—Éste tiene muchas deudas —cantaban los demás a coro señalando al primero de ellos.

—No me importa, no me importa —respondía cantando el aludido.

—Éste es muy tartamudo —cantaba el coro respecto al segundo.

—No me im-po-porta, no me im-po-porta —tartamudeaba alegremente éste.

—A éste su mujer lo engaña —cantaba el coro hacia el último de ellos.

—No me importa, no me importa —era la primera respuesta.

Pero luego el coro se entusiasmaba:

—Lo engaña con un barbudo... —cantaban con un guiño hacia el público.

—¡No me importa! ¡No me importa! —decía el otro, ya más alterado, intentando detenerlos.

—Elegante y muy forzudo... —seguían cantando los otros, divertidos.

—¡¡No me importa!!

—Le decimos el cornu...

—¡¡¡No me importaaaaa!!! —terminaba por gritar el señalado, y salía tras bambalinas, terminando finalmente el número.

Lo que me parece valioso señalar es que, si cuando se mencionan las características del supuesto amante, él va sintiéndose cada vez peor es porque esos rasgos lo acechan. La sombra que se evoca encarna sus peores miedos: el otro posee todo aquello que él desearía y de lo que supone que carece. En ese sentido es mucho menos importante como *es* la otra persona que como él la *imagina*.

Si, en una sesión imposible, el afligido Luthier viniera a mi consultorio, le diría:

—Usted imagina al amante de su mujer barbudo, elegante, forzudo... Lo imagina, en suma, muy viril. ¿Acaso no se siente viril usted? ¿En dónde percibe su falta de virilidad?

Un ejercicio muy interesante y sencillo, que todos podemos realizar cuando nos descubrimos a nosotros mismos sintiendo celos, es preguntarnos: ¿cómo imagino a ese temido *otro*, a esa odiada *otra*? Si mis celos se dirigen hacia alguien a quien conozco, ¿qué considero que mi pareja encuentra atractivo en él? Si siento celos frente a una situación indefinida, ¿qué creo que podría aparecer allí y cautivar a mi compañero?

Como he dicho, las características que surjan como respuesta a estas preguntas serán rasgos de los que yo creo que carezco y sobre los que deberé enfocar mi atención para trabajar en ellos.

Éste puede ser un modo constructivo de canalizar los celos hacia un lugar mejor, que no culpe a mi pareja y que me permita desarrollar lo que requiero para no sucumbir a ese tóxico sentimiento. Para que funcione, sin embargo, es necesario que nuestros celos surjan verdaderamente de la inseguridad, pero ése no siempre es el caso.

Cuando un celoso quiere resarcirse, cuando comienza a adjudicarse alguna responsabilidad sobre sus celos, cuando abandona (aunque sea por un momento) su postura acusadora, habitualmente se ampara en la inseguridad.

—Es que tengo miedo de perderte —dirá.

Es, de algún modo, la miseria más presentable. Apela a la compasión del otro y hasta genera cierta simpatía. No digo que el miedo de perder al otro no esté presente. Las más de las veces lo está... pero no es lo único.

## Orgullo herido

En ocasiones, lo que se esconde detrás de las demandas posesivas es un tanto más oscuro. Una vertiente relacionada con la de la inseguridad, pero algo más mezquina, es la del orgullo. Es decir: me molesta que hables con otros hombres, no porque tema que me dejes por uno de ellos, sino porque si lo hicieras yo quedaría como un tonto. He escuchado muchas veces a hombres o mujeres decir cosas como:

—Yo sé que ella (o él) no me va a engañar, sé que no tiene mala intención... pero igual me molesta.

El argumento continúa por sendas un poco distintas de acuerdo con el género de quien lo presenta. Para los hombres deriva hacia la idea de la falta de respeto y, en consecuencia, la falta de fortaleza:

—Un hombre que se precie no permite que su mujer ande revoloteando por ahí.

El equivalente de esto, para las mujeres, es la preocupación por la dignidad:

—Una mujer que tolera a un hombre que coquetea se está humillando.

Es lo que las mujeres expresan en la consabida frase:

—Yo no soy segunda de nadie.

Aquí está claro que el *partenaire* importa más bien poco, que lo que importa es el lugar que yo ocupo.

En estos frecuentes casos lo que motiva los celos es, como dije, el orgullo; no el temor a perder al otro ni el miedo a la soledad. Estamos frente a lo que técnicamente llamaríamos una preocupación narcisista. Lo que se intenta preservar es la propia imagen, sea frente a los demás o frente a uno mismo. Alejar la sombra de debilidad o insuficiencia que la aparición de un tercero conlleva frecuentemente.

La creencia detrás de este malestar es la de que, lo que hace mi pareja, habla de mí: "Si él o ella hace eso, quiere decir que yo soy esto". Esta idea es profundamente falsa e igual de perjudicial. Nos demos cuenta o no, habitualmente creemos que a los *hombres de verdad* (fuertes) y a las *mujeres de verdad* (bellas) estas cosas no les pasan.

Creemos que existiría un hombre tan viril que ninguna mujer podría pensar en otro; creemos que existiría una mujer tan atractiva que ningún hombre querría mirar a otra... En consecuencia, si nuestra pareja piensa o mira a otro, es un indicio inequívoco de que no somos como ese hombre o esa mujer ideales. Y hasta allí es cierto: no lo somos... ¡porque nadie lo es! Ni ese hombre ni esa mujer existen, y no somos menos hombres o menos mujeres por el hecho de que nuestra pareja pueda fijarse en otro.

Cuando en el mundo de las celebridades alguna estrella es abandonada o engañada por su pareja, los fans se lanzan sobre la noticia con hambre depredadora. Es un gran alivio:

—¡A ella también le sucede!... ¡Uf, no soy tan distinta!

Un joven paciente llegó un día a mi consultorio muy apesadumbrado. Se había enterado de que un amigo suyo había tenido una fugaz historia con la muchacha con la que él, mi paciente, había cortado unos meses atrás.

El descubrimiento lo había golpeado duro. Lo primero que

surgía era la rabia por la *falta de códigos* de su amigo. Pensaba en buscarlo y darle una golpiza. Imaginaba que eso lo haría sentirse mejor. Sin embargo, era un joven pensante y no dejaba de preguntarse por qué la situación le afectaba tanto:

—Si ya no estamos juntos... Ni siquiera me interesa... No querría volver a estar con ella.

Más allá de la ira, había otra cosa más profunda:

—No sé... Me siento como debilitado. Perdí confianza en mí mismo.

Mi paciente, como casi todos nosotros, era presa del ideal (en este caso) de la masculinidad: "A un hombre de verdad una mujer no lo deja por otro y, mucho menos, por un amigo. Eso les pasa a los idiotas".

Bajo esta premisa y dado lo que había ocurrido, era inevitable que se instalara en él la sensación de debilidad. Se entiende ahora la fantasía de golpear al amigo: sería una forma de restablecer la hombría perdida:

—No soy ningún débil, ¿lo ven? El crimen no ha quedado impune. He salvado mi honor.

¿No es acaso eso lo que hacen los hombres: golpearse el pecho ferozmente, al grito de "¡HOMBRE, HOMBRE!"? ¿Levantar el guante tirado a sus pies proclamando: "¡Oh! ¡¿Cómo os atrevéis?! ¡No he de tolerar tamaña ofensa!"?

Dejar de lado este ideal hipertrofiado y encontrar sus propias fortalezas en los ámbitos realmente importantes para él serían, a partir de aquí, las direcciones en las que el tratamiento de mi paciente tendría que avanzar.

## La *litost*

El orgullo o la defensa del honor (que es lo mismo) es posiblemente el mal que con mayor frecuencia se encuentra detrás de
los celos. Pero hay otros.

Algunas veces se trata de la envidia. Sancionamos las *otras
cosas* de la vida del otro porque nosotros mismos deseamos te-
nerlas y no lo conseguimos, o no nos atrevemos. Si estamos
celosos de que nuestra pareja pasa demasiado tiempo con sus
amigos, es posible que la raíz del malestar se encuentre en que
nosotros no hemos nutrido nuestras amistades y hemos dejado
que esos vínculos se debiliten. Hasta es verosímil que, en una
pareja, los celos por una posible infidelidad reflejen la fantasía
del celoso de tener él mismo una *aventura*.

Quizás un mejor término que el de envidia para este sentimiento sea el de *litost*. *Litost* es una palabra checa que no tiene
traducción al castellano, pero el escritor Milan Kundera, en *El
libro de la risa y el olvido*, dice que es un "padecimiento producido por la visión de la propia miseria puesta súbitamente en
evidencia". Luego del dolor que produce la exposición de nuestras miserias sigue un deseo de venganza: se busca que el otro se
sienta igual de miserable que uno.

Kundera nos describe cómo funciona la *litost* con un ejemplo igualmente bello y cruel:

Dos jóvenes nadan en el río. Ella es muy buena nadadora y
él no. Al comienzo ella nada lentamente, a su lado, para acompa-
ñarlo. Hasta que en un momento ella siente el deseo de desple-
gar sus habilidades y nada velozmente hacia la orilla. Él intenta
seguirla, pero no puede y traga agua. Se siente humillado.

Cuando él finalmente sale del agua, se acerca a ella y le reprocha haberse apresurado así, de ese modo riesgoso, sabiendo que en la orilla había remolinos.

—¿Te das cuenta? Pudiste haberte ahogado... El susto que me hiciste pasar...

Entonces ella se pone a llorar. Él se compadece de ella, la abraza y la consuela.

—Está bien, está bien —le dice—. Pero no vuelvas a hacerlo...

Los verdaderos motivos de la *litost* son inconfesables. Por ello siempre debe aducirse alguna razón moralmente atendible para justificar el enojo y la restricción. Cuando en una pareja alguno de los dos despliega una capacidad, un recurso o una posesión que el otro no tiene y que hace que este último se sienta miserable, la pretensión de fidelidad brinda una excusa excelente para el reclamo:

—Si te pido que no te alejes de mí es porque no quiero que nos separemos (y no porque no soporto no llegar tan lejos como tú).

En estos casos el trabajo para revertir la dinámica de los celos consistirá primero en admitir este secreto deseo y esta velada vergüenza. Luego tendremos que desarrollar, también nosotros, esas *otras* actividades o vínculos que nos enriquezcan. Aquello que celábamos en nuestro compañero nos servirá de orientación de lo que queremos construir para nosotros mismos, como si se tratase de un *modelo en espejo*. En el caso de la imaginada infidelidad, la tarea será reconocer la existencia de estas fantasías para luego pensar qué hacer con ellas (lo cual es todo un tema, que abordaré eventualmente).

## Juntar créditos

Por último, hay un factor más que puede motivar los celos. Seguramente, el más oscuro de todos: se trata del intento de generar deuda, buscar que nuestro compañero quede en falta.

Hay ocasiones en las que uno de los integrantes de una pareja identifica una actitud de su compañero que podría considerarse desubicada. No tiene dudas realmente de lo que su pareja siente por él o ella. No echa en falta su atención, no teme perderlo ni siente su lugar en juego. Sin embargo, ve en esta posible *falta* del otro una oportunidad. Una ocasión para anotarse un par de *puntos* a su favor.

Arremete entonces con la escena de celos. Pone en juego todos los estándares morales y los decálogos de decencia:

—¿Decidiste pasar Navidad con ellos? Justo este año en que sabías lo importante que era para mí.

Que quede en claro que el otro ha faltado al amor; es un malvado, un hijo de puta. Ninguna excusa o explicación calmarán la furia. Sólo cuando el otro acepte su culpa, cuando se retuerza de remordimiento, la fiscalía podrá descansar. No sin que antes queden debidamente anotados, para futuras referencias, la ofensa cometida y el abnegado perdón que la parte ofendida ha otorgado.

Estos *puntos ganados* pueden usarse luego para cualquier pedido o requerimiento:

—Estás en deuda conmigo y puedo pedirte ahora que me compenses.

En ocasiones la deuda se alarga, incluso por años. A veces se va renovando, adjuntando múltiples ofensas menores que hacen que jamás termine de saldarse; a veces, la parte ofendida deja claro que la falta ha sido tan grande que no alcanzará una vida para reparar el daño que se ha hecho.

Supongo que, si alguien tiene esta postura, no estará demasiado dispuesto a abandonarla en pos de una relación más sana. De modo que recae sobre el otro, el *acusado*, salirse de esta dinámica. Para ello hay que reconocer que, aunque hayamos causado daño, aunque hayamos cometido algún error, nuestra pareja no tiene derecho a cobrarse eso causándonos un daño similar. No tenemos por qué permitir que nuestro compañero, cual Shylock moderno, pretenda cobrarse la deuda en libras de nuestra carne. El daño no se repara con un daño igual pero inverso. Si nuestra pareja pretende eso, no es amor lo que la impulsa.

### Una conclusión y una promesa

Sea lo que fuere que encontremos detrás de nuestros celos; sea inseguridad, orgullo, envidia o un recurso para que el otro quede en deuda con nosotros, debemos aceptar que es nuestra tarea trabajar sobre ello para abandonar este tóxico sentimiento y no pedirle al otro que cambie para calmar nuestra angustia. Podremos, sí, compartir con nuestra pareja lo que nos sucede y contarle que tal o cual situación nos pone celosos o, mejor, hablarle de lo que hemos descubierto detrás. Pero no podemos achacárselo y sostener que es su culpa. No podemos enojarnos con él o ella. Es nuestra responsabilidad modificar lo que hacemos con los celos que sentimos.

Respondiendo entonces al interrogante que habíamos dejado planteado al final del capítulo anterior, debemos concluir que, en efecto, podríamos haber presentado el contenido de este capítulo dentro de aquél. Las consideraciones que hicimos para los otros aspectos de la vida personal de nuestro compañero valen, en su mayor parte, para la sexualidad.

¿Significa eso que, así como debemos dejar de lado los celos, debemos consentir la infidelidad? No necesariamente. Yo puedo decidir que no te celaré, que no intentaré prevenir la infidelidad bajo el modo del control, pero que, si alguna vez sucede, no voy a quedarme contigo.

De todos modos, creo que lo que hemos estado discutiendo sí debería, al menos, motivarnos a cuestionar algunos de los supuestos que tenemos sobre la infidelidad. Habitualmente creemos que una infidelidad debería marcar siempre el final de una pareja; que quien la comete es siempre un malvado y que sufrirla es siempre un motivo de vergüenza. Todos estos supuestos son cuestionables y hay buenas razones para dudar de cada uno de ellos. Requieren de un tratamiento extenso, profundo y comprometido. La importancia del tema lo demanda.

Dejaré que eso cuente como una promesa para un próximo libro.

# CAPÍTULO 7

# Proyecto

> Despacito, cuando tú dormías,
>
> ella te hablaba, te preguntaba, te protegía.
>
> Ella prometió darte todo.
>
> Pero sólo pudo darte lo que tuvo.
>
> BEBE, "Cuidándote"

Si dijimos que, para armar una buena pareja, era necesario contar con los componentes del *proyecto*, la *pasión* y el *amor*, no debe sorprendernos que la clave para conseguir que una pareja continúe siendo *buena* esté en mantener dosis suficientes de esos tres ingredientes.

Por supuesto, esto se dice sencillo, pero llevarlo a la práctica es un desafío enorme con el que las parejas se enfrentan día tras día y en el que sólo pueden conseguirse victorias parciales y provisorias. Territorios ganados que deben ser defendidos una y otra vez, adquisiciones que deben ser revalidadas frente a cada circunstancia inesperada o nuevo desencuentro.

Como bien dice Jules, el personaje que interpreta Julian Moore en la película *The Kids Are All Right*:

—El matrimonio es una maratón.

La tarea de mantener satisfactoria y enriquecedora cualquier pareja estable se asemeja, en efecto, a una carrera de fondo. Es un trabajo continuo y constante. Una batalla contra enemigos (la rutina, la desconfianza, la inseguridad, el rencor) que no descansan en su acometida.

Sin embargo, frente a esta perspectiva, es posible adoptar una posición interesante:

Cuentan que, en los comienzos de la Segunda Guerra Mundial, el alto mando francés había enviado un espía a evaluar el poderío del ejército nazi. Luego de haber juntado suficiente información, el espía francés regresó aterrorizado.

—Son invencibles —dijo a sus superiores luego de su exposición—. Contra los nazis no puede haber victoria.

—Pues bien —respondió un general francés—. Si no puede haber victoria, entonces pelearemos para siempre.

## ¿Para qué estar en pareja?

El propósito de estar bien en pareja implica predisponerse a trabajar y *pelear* por ello todos los días. Ahora bien: si es tan arduo... ¿para qué lo hacemos?

En primer lugar, habría que decir que hacerlo no es *necesario*. No todos *tenemos* que vivir en pareja. En algún momento, formar una pareja era condición para formar una familia. Ya no.

Cada vez más hombres o mujeres deciden tener hijos sin estar en pareja: la biología ya no es una limitante y la logística, las más de las veces, tampoco. El número de familias monoparentales va en aumento y no me parece descabellado pensar que, transcurrida una cantidad de décadas (difícil de precisar), ésta podría ser la norma y no la excepción. Quizás estemos en el umbral de un cambio importantísimo a nivel de la estructura familiar: los hijos ya no serán de una pareja sino de una persona. Se ahorrarán, de seguro, algunos problemas (como todos los relativos a la custodia de los hijos frente a la disolución de una pareja).

Vivimos un tiempo en el que tener pareja es una elección. Y afortunadamente, es cada vez más ajena a las presiones sociales. Estamos en pareja por la satisfacción de estarlo, por lo bueno que aporta a nuestras vidas.

Muchos sostienen que lo *bueno* radica en que estar en pareja constituye un camino irreemplazable para el crecimiento personal: a través del encuentro con el otro podemos conocernos a nosotros mismos y volvernos mejores personas. Si bien estoy de acuerdo con que relacionarse con otros es indispensable para desarrollarnos como personas, no concuerdo con que esos vínculos tengan que tomar necesariamente la forma de una pareja. Como seguramente ha quedado claro hasta aquí, no creo que en la pareja exista algo que no pueda ser encontrado en otros vínculos. Es la conjunción de sus distintos elementos lo que hace a ese vínculo único, y no la presencia de alguno de sus componentes por sí mismo.

Aun cuando seamos más modestos y sostengamos que la relación de pareja es tan sólo un camino *privilegiado* de crecimiento personal (lo cual es indudable), no creo que ésa sea la razón que nos mueve a estar en pareja. Creo que lo hacemos, sencillamente, porque nos hace bien.

Sería algo así:

—Vivo mejor contigo que sin ti.

Vale aclarar aquí que esto no es igual a decir: "La paso mejor contigo que sin ti". *Vivir mejor* implica un poco más que el bienestar momentáneo que entendemos al hablar de *pasarla mejor*. Como dije, estar en pareja es muchas veces arduo; se la pasa un poco mal, pero si creo que mi vida es globalmente mejor con mi pareja que sin ella, entonces sigue habiendo buenos motivos para sostenerla.

Tampoco hay que equiparar *vivo mejor* con *vivo bien* ni, menos aún, con *soy feliz*. La cultura nos empuja a creer que estar bien en pareja y ser feliz son casi la misma cosa.

Que alguien diga:

—Estoy muy bien con mi marido, pero soy infeliz.

Ya resulta un tanto extraño. Mucho más, si alguien comentara:

—Mi matrimonio es un desastre. Soy muy feliz.

Basta detenernos a pensar un momento para darnos cuenta de que tanto una situación como otra son posibles y que los escaparates que nos ofertan la pareja como pasaje directo a la dicha son engañosos.

Si la insatisfacción con la vida en general no es motivo suficiente para considerar necesaria una disolución de la pareja, tampoco lo es la certeza de que "no estoy del todo bien con mi pareja". Porque, como dije, siempre habrá cuestiones sobre las cuales trabajar y porque podría ser cierto que:

—Pese a que no estoy del todo bien con ella, estaría peor sin ella.

Presiento que me acusarán de conformismo. Pero no propongo sostener cualquier relación, por mala que sea, diciendo: "siempre será mejor que nada". Hay casos en que *nada* es mejor. A lo que apunto es a que prestemos atención a los ideales de bienestar que se tejen alrededor de la vida romántica; pues a menudo son tan grandes que subestimamos lo que un vínculo sí brinda sólo porque se queda corto en comparación con la beatitud que, suponemos, debería brindar.

Dispuestos nuevamente a trabajar, es necesario considerar cómo podremos mantener los componentes de la *buena pareja* dado que cada uno de ellos presenta desafíos disímiles.

Abordaremos en este capítulo los desencuentros que pueden darse en el campo del *proyecto*; en el siguiente, las dificultades que podemos ubicar en el espacio de la *pasión* y, por último, las amenazas que acechan en el campo del *amor*.

## Actualizar el contrato

Mantener un *proyecto* saludable implica dos aspectos diferentes. El primero es el de la compatibilidad del proyecto personal con el del compañero. El segundo es la posibilidad de encontrar acuerdos respecto a las múltiples decisiones que habremos de tomar en nuestra vida compartida.

En cuanto al primer punto, es evidente que, en la medida en que crecemos, la dirección que deseamos darle a nuestras vidas va cambiando. Difícilmente podemos saber a los 25 hacia dónde querremos dirigirnos de cara a los 50. Por ello, si una pareja quiere mantener un proyecto saludable es necesario que el mismo sea reevaluado con cierta periodicidad.

Es en extremo improbable que una pareja pueda mantener el mismo *contrato* en los primeros años de su relación que después de pasados treinta años de casados. Si pretende subsistir, la pareja tendrá que adaptarse a las nuevas condiciones, así como a los nuevos deseos de cada uno de sus integrantes.

En ese sentido una buena pareja requiere no ser siempre *la misma* pareja. Los acuerdos que la sostienen cambian, los roles y funciones que sus integrantes tienen se modifican. La estructura misma de pareja y el alcance que ésta tiene deben poder moldearse en función de las necesidades de aquellos que la forman.

Hay ciertos acuerdos dentro de una pareja que son fundamentales. La vida que tendríamos si decidiéramos otra cosa respecto de alguno de ellos sería radicalmente distinta. Algunos ejemplos de estos acuerdos son:

—Yo me ocupo más del hogar y tú sales más a trabajar.

—Repartimos tareas domésticas y laborales por igual.

—Vamos a tener hijos (o tendremos más hijos).

—No vamos a tener hijos (o no tendremos más hijos).

—Vivimos en la ciudad.

—Vivimos en las afueras.

Cualquiera de estos acuerdos es válido siempre y cuando ambos estemos conformes con la vida que estas decisiones configuran.


### Identificar, no forzar

Sin embargo, sea por razones de fuerza mayor ("Perdí el trabajo") o por elecciones personales ("Quiero una vida más tranquila"), llegan momentos en la vida en que estos acuerdos dejan de funcionar para uno o ambos miembros de la pareja. Por más básicos que sean, por más que hayan sido aceptados desde un comienzo, la pareja debe estar abierta a ponerlos en revisión.

No puede argumentarse:

—Siempre fue así, no vengas con novedades ahora.

Tampoco:

—Tú lo aceptaste cuando nos casamos, así que ahora te aguantas.

Ni siquiera:

—¿No te das cuenta de que si cambias eso no podemos seguir juntos?

Tenemos derecho a cambiar de opinión, a querer cosas que antes no nos interesaban o a desestimar lo que antes perseguíamos. Tenemos esa opción aun cuando ponga en jaque la continuidad de la pareja como ha funcionado hasta ese momento. Forzar a nuestro compañero a abandonar el curso que desea seguir, basándonos en que contradice un previo acuerdo mutuo, llevará de modo ineludible a que se sienta cautivo.

Si nos interesa mantener un proyecto de pareja sustentable, tendremos que prestar atención a esos cambios que nuestro compañero, si pasamos suficientes años juntos, tarde o temprano atravesará. Tendremos que estar abiertos a escucharlos y, es más, a percibirlos en su conducta cuando el otro no se atreva a ponerlos sobre la mesa o no consiga identificarlos por sí mismo.

Hace algún tiempo atendí a una pareja de jóvenes que trabajaban en enfermería. Los cambiantes y exigentes horarios de las guardias les dejaban poco tiempo para estar juntos a tal punto que pensaron en separarse. Para evitarlo habían resuelto, de común acuerdo, que ella (que ganaba un poco menos) dejaría su trabajo en el hospital y buscaría un empleo de enfermera con "horarios más normales" mientras que él continuaría haciendo guardias. Al cabo de unos cuantos meses ella seguía sin encontrar trabajo, pese a que era una joven capaz y aguerrida. Él comenzó a sospechar que ella no buscaba trabajo con todo el ahínco que podía y, en sesión, le hizo la pregunta que para todos se adivinaba en el horizonte:

—¿Quieres volver a trabajar en el hospital?

Hasta ahí todo iba bien, pero inmediatamente y antes de que ella pudiera responder él dijo:

—Porque si es así yo prefiero que nos separemos…

Se hacía necesaria una intervención:

—Te equivocas —le dije—. Tú puedes decidir que, si ella quiere volver a hacer guardias, te separas, pero no se lo puedes decir. Haces la pregunta, te quedas callado y piensas: "Si dice que sí, me separo". Estás en tu derecho. Pero si le agregas: "Si quieres volver al hospital me separo", estás empujándola a que te responda que no y que sigan como hasta ahora, que ella siga haciendo como que *no quiere* lo que en verdad sí quiere. A ti te conviene saber la verdad, no forzar una respuesta.

## Parejas a medida

Una vez que nos hayamos encontrado con esa nueva *verdad*, con esa nueva condición (propia o de nuestra pareja) tendremos que preguntarnos: "¿Qué nueva pareja es posible? ¿Qué forma debe tomar esta nueva relación?". Recordemos que estamos hablando de cuestiones tan grandes, de direcciones tan diversas en la vida que no es exagerado hablar de *nueva pareja*. La que habíamos llevado hasta aquí ya no funciona.

Cuanto más avanzamos en nuestra pareja, los modelos *prefabricados* de relación nos sirven menos. Cuando estamos recién casados podemos, tal vez, contentarnos y mantenernos a flote con ser *esposos*. Luego de más de veinte años de matrimonio, el mote posiblemente nos resulte incómodo: supone un montón de interacciones a las que no conseguimos adaptarnos o lo hacemos con malestar. Tendremos que diseñar un modelo de pareja único para nosotros y, más aun, para este momento de nuestra vida.

Un amigo me relató esto:

Cuando él tenía cerca de 25 años y su padre unos 50, éste planteó en la familia la posibilidad de que se mudaran a otro país en donde el padre tendría mejores perspectivas de trabajo.

Tanto mi amigo como sus hermanos se negaron: sus estudios y sus novias estaban en su ciudad y no querían abandonar todo ello. El padre aceptó la negativa. Unos meses después, sin embargo, reabrió la conversación:

—Hijo, quiero avisarte que acepté la oferta para irme al extranjero. Es una gran oportunidad... pero implica estar la mayor parte del año allá.

—Lo entiendo —dijo mi amigo—. No te preocupes. Estaremos bien. ¿Cuándo se van?

—¿Quiénes? —preguntó el padre algo sorprendido.

—Tú y mamá.

—No —respondió el padre—. Mamá no vendrá. Voy yo solo.

—¡Ah! —exclamó mi amigo y después de pensar unos segundos agregó—: Entonces es una especie de *pseudodivorcio*.

—No —contestó el padre con una sonrisa—: es un *antidivorcio*.

Mi amigo sostiene que la relación de sus padres no sólo subsistió a la distancia sino que mejoró en gran forma y por unos buenos años. Es fácil concluir que el padre de mi amigo y su esposa en realidad no se soportaban y estaban mejor porque se veían menos. No creo que ése haya sido el caso. Considero que la nueva configuración se adaptaba mejor a las necesidades e inquietudes que uno y otro tenían en ese momento.

Los acuerdos y las formas que las parejas toman, especialmente aquellas que llevan bastante tiempo juntas, son particularísimos. Tengamos cuidado de no condenarlos como insanos o reprochables sólo porque no responden a supuestas formas socialmente aprobadas.

Tengo otro ejemplo, tal vez menos radical (o quizá más, en otro sentido), pero que implica también un acuerdo absolutamente personal que modifica el modelo de pareja que dos personas habían mantenido hasta ese momento.

Una pareja llevaba unos veinte años de casados cuando él decidió revelarle a su esposa un secreto que había guardado durante mucho tiempo: no le interesaba el sexo. Ni con ella ni con otras u otros. Simplemente, no le interesaba. Durante muchos años lo había practicado para mantener las apariencias o para no confesarse a sí mismo lo que había considerado un déficit. En los últimos tiempos, sin embargo, había logrado reconciliarse con ese rasgo y no quería sostener más la pantomima. No tendría más relaciones sexuales.

La revelación fue muy dura para su esposa. Fue especialmente difícil convencerse de que no había nada de malo en ella por no causar deseo en su marido. Eso era algo que le ocurría a él y nada tenía que ver con ella. De hecho, dijo él, comprendía que era injusto pedirle a su esposa que renunciara a su sexualidad sólo porque él prefería cancelar la suya. Sin embargo, no quería separarse y, si ella estaba dispuesta, él consentiría que ella viviera su sexualidad del modo que quisiera y con quien fuera.

No fue sencillo. Requirió mucho trabajo de los dos, y grandes dosis de aceptación, amor y compasión, pero finalmente pudieron poner en práctica este acuerdo sumamente personal que les permitió no perder un gran de número de cosas que sí compartían, y a las que no querían renunciar.

Dado que, en estas grandes cuestiones, el proyecto personal no es modificable (o sólo lo es a costa del sufrimiento de quien realiza el ajuste), el proyecto de la pareja debe ser revisado con cierta frecuencia para constatar qué cosas podemos seguir compartiendo y cuáles no. A partir de esta comprobación debemos desarrollar un modelo de relación que funcione para nosotros (aun cuando sospechemos que para otros sería aborrecible).

## Desacuerdos cotidianos

Pasemos entonces a los desacuerdos de todos los días, a todas esas pequeñas situaciones que surgen en la vida de una pareja de modo casi constante:

—¿Qué comemos?
—¿Adónde vamos el sábado?
—¿Quién lava los platos?
—¿Invitamos a tu mamá a comer?
—¿Qué le decimos a nuestro hijo, que acaba de inundar el baño?

No debemos, por comparación con las grandes cuestiones que acabamos de discutir, menospreciar el efecto erosivo que puede tener la sucesión interminable de este tipo de conflictos si no logramos resolverlos con soltura. Las discusiones o peleas repetitivas contribuyen a un clima de fastidio cotidiano y no son pocas las veces en que desembocan en un rencor que se va acumulando y enquistando.

Frente a los desacuerdos solemos recurrir, movidos a veces por el sentido común y otras por consejo profesional, a la negociación:

—Yo cedo un poco y tú cedes un poco y llegamos a un sano punto medio.

Ésa parece ser la expectativa que sostiene a la negociación como modo privilegiado de resolver desacuerdos:

—Dado que estar en pareja nos fuerza a compartir, tendremos que aprender a negociar.

Como ya he expresado en el capítulo "Negociaciones, acuerdos y renuncias" de mi libro *Mirar de nuevo* (¡que les invito a leer!), estoy muy lejos de considerar la negociación como un método recomendable. Es más, creo que recurrir a ella de forma sistemática resulta nocivo para la pareja.

## Los problemas de negociar

Hay una multiplicidad de razones por las que negociar termina por resultar perjudicial. Para evidenciarlas, tomemos algunos ejemplos. Supongamos que tenemos que decidir quién lava los platos en casa y que a ambos nos desagrada esa tarea. Negociamos y llegamos rápidamente a un acuerdo: yo los lavo hoy y tú mañana. Un día cada uno. Nada podría ser más sencillo.

Sin embargo, podemos avizorar algunos problemas: en primer lugar, nos hemos convertido en rivales. Muy civilizados, es cierto, pero rivales al fin: cuando yo pierdo, tú ganas y cuando yo gano, tú pierdes. Tratamos de repartir la pérdida en medidas iguales, pero seguimos estando enfrentados.

Contemplemos ahora la nada disparatada ocurrencia de que un día invitamos a varios amigos a comer a casa. Ese día, evidentemente, ¡hay muchos más platos!

—¡Te toca a ti! Ah… lo lamento. Uno y uno.

Y después de ese día nefasto de esponja y detergente… ¿cómo restablecemos la igualdad? ¿Cuántos días de lavado común equivalen a un lavado de reunión?

Dado que la negociación se basa sobre la idea de repartir por partes iguales, tendremos que avocarnos a la tarea de establecer equivalencias entre lo que te doy y lo que me das, entre lo que yo cedo y lo que tú cedes.

—La otra vez fuimos a casa de tu amiga Carlita, así que hoy tenemos que ir con Francisco.

—Pero no puedes comparar. Carlita es divina. Francisco es insoportable. Tú la pasas genial en casa de ella, yo con tus amigos me aburro como una ostra...

La cantidad de tiempo que perdemos en discusiones como ésta es abrumadora. Para peor, es evidente que las cuentas nunca coinciden. La mayoría de las veces ambos están convencidos de que lo que están dando es mucho más valioso que lo que da su compañero. Resultado: el rencor. Ambos sienten y muchas veces sostienen:

—Siempre hacemos lo que tú quieres.

No es cierto. Lo que posiblemente sí sería cierto, para cualquiera de los dos, es que:

—Nunca hacemos lo que yo quiero.

¡Claro! Siempre hacen algo intermedio, que no es lo que quiere uno ni el otro. Cuando nos valemos de la negociación acabamos siempre por hacer las cosas de un modo que tiene el dudoso mérito de dejar inconformes a todos. Y esa inconformidad se deposita necesariamente en la cuenta del compañero porque está claro que, aunque él o ella no lo hayan pedido explícitamente, yo he tenido que relegar mis preferencias por causa de nuestro lazo.

Se tiende a tener muy presente lo que uno ha relegado y a menospreciar lo que hace el otro. Y lo peor es que esto sucede tanto si la negociación es exitosa (si se logra alcanzar un punto medio) como si fracasa. Podríamos graficarlo así:

Negociación "exitosa"

Punto medio
(PM)

A                                                                          B

*Percepción de la negociación:*

**A** piensa que es así:

A                                                                          B

**B** piensa que es así:

A                                                                          B

*Conclusión de ambos*: "Yo cedo más que tú".
*Consecuencia*: acumulación progresiva de rencor.

Negociación "fracasada"

PM

A                                                                          B

*Percepción de la negociación:*

**A** piensa que es así:

A                                                                          B

**B** piensa que es así:

A                                                                          B

*Conclusión de ambos*: "Tú no cedes en nada"
*Consecuencia*: reclamos, adjudicación de culpas

## Encontrar acuerdos

Existen, por supuesto, alternativas más saludables y constructivas que la negociación como modo de resolver conflictos dentro de una pareja.

Posiblemente la más deseable sea alcanzar un acuerdo. Un verdadero acuerdo consiste, no en hallar un punto medio, sino en generar una tercera opción que nos satisfaga a ambos. Diseñar un acuerdo a menudo implica salirse del pensamiento dicotómico que esquematiza el conflicto como una línea recta entre tu posición y la mía (como los casos que hemos estado viendo), para pensar en otras dimensiones. Por ello encontrar acuerdos requiere un poco de trabajo, algo de creatividad y cierta disposición a lo novedoso.

Gráficamente, sería algo así:

O, más precisamente, así:

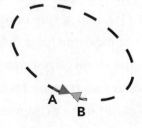

Pues no se trata tanto de que nos distanciemos de nuestra posición original sino de entender el conflicto de otra manera. Al curvar la línea sobre la que nos movemos (esto es: al dejar de pensar el conflicto linealmente), nuestras posiciones se acercan lo suficiente como para que, con un mínimo ajuste, podamos encontrar una resolución satisfactoria para ambos.

Acuerdos posibles respecto de la cuestión del lavado de platos, por ejemplo, incluirían tanto comprar un lavavajillas como usar platos desechables, además de otros acuerdos más específicos elaborados en función de las necesidades y preferencias de cada uno. Si descubriéramos, por ejemplo, que lo que a ti te molesta más de lavar los platos son los trozos de comida que se acumulan en el fregadero, y lo que a mí me molesta es lavar los cubiertos, podríamos diseñar un "sistema de lavado de platos" único para nosotros en el que ni tú ni yo tengamos que pasar por lo que nos desagrada: mientras tú recoges la mesa, yo lavo los platos y me deshago de los restos de comida; por último, te dejo los cubiertos que tanto me fastidian para que los laves tú.

Alguien podría preguntar:

—¿Y quién lava los vasos?

¡Cualquiera de los dos! Un día yo, otro tú; veinte días yo, tres tú... No se sabe, ¡nadie está llevando la cuenta! ¿Qué importancia tiene? Si no es algo que te molesta a ti ni a mí... ¿qué importa quién de los dos hace más? Eso sólo se vuelve importante si a partir de ello extraemos alguna conclusión respecto al amor (si pones menos que yo significa que me quieres menos) o si establecemos una cuestión de poder (tenemos que cooperar en partes iguales, yo no voy a ser el estúpido que haga más). Las negociaciones buscan repartir por igual la carga porque están diseñadas para calmar a los involucrados más que para resolver el tema.

Los acuerdos, en cambio, no persiguen la equidad sino una

mejor resolución del conflicto (conseguir que en nuestra casa se laven los platos con el menor malestar para ambos). Para ello se busca que cada uno tome a su cargo lo que puede hacer mejor (ya sea porque le molesta menos o, mejor aún, porque es más capaz para ello).

Vemos ya que, para generar acuerdos, es necesario, en primer lugar, emprender una investigación honesta del conflicto: ¿qué es lo que te molesta a ti de esta situación? ¿Qué es lo que me preocupa a mí? ¿Qué temes que suceda? ¿Qué creo yo que implica? En segundo lugar, requiere también el reconocimiento de los campos en los que yo soy más hábil que tú, así como aquellos que tú manejas mejor que yo.

Recuerdo un viejo chiste, que nunca me ha parecido demasiado gracioso, pero sí poseedor de cierta sabiduría:

Se encuentran dos amigos. Uno le dice al otro:

—Hola, Simón, ¿cómo estás?

—¡Ni me digas! Estoy que me lleva el demonio...

—¿Qué pasó?

—Pues ¡¿qué va a pasar?! Me peleé con mi esposa.

—¡Uy, qué mal! Yo por suerte ya no tengo ese problema.

—¿Te separaste?

—¡No! Al contrario. Ya no peleamos más.

—¿En serio?

—Ajá.

—¿Y cómo le hicieron?

—Llegamos a un acuerdo: ella decide sobre las tonterías y yo sobre las cosas importantes...

—¡Increíble! ¡Te felicito! ¿Y la convenciste? ¡Qué fenómeno!

—Gracias, gracias.

—Pero dime... ¿cómo deciden qué cosas son importantes y cuáles son tonterías?

—Bueno, ella decide qué comemos cada día, dónde pasamos el fin de semana, a qué colegio van los chicos, si cambiamos o no el auto, en qué barrio vivimos, a dónde vamos de vacaciones, si ahorramos o gastamos, si invertimos en bonos o acciones...

—¡¿Y tú qué decides?!

—¡Si Dios existe o no!

Si el chiste resulta gracioso es porque suponemos rápidamente que él es un dominado. Pensándolo un poco más, sin embargo, quizá no lo sea tanto: si Dios existe o no es realmente una cuestión importante... Y aunque no fuera así, el hombre ha conseguido encontrar un acuerdo con su esposa que le permite, al parecer, seguir con ella y no sufrir. Eso, de por sí, es algo admirable.

No debería ser importante que él tenga a su cargo *menos* cosas que ella. Si buscamos acuerdos repartiendo *en partes iguales* las cosas sobre las que decides tú y las cosas sobre las que decido yo, sin darnos cuenta, volveríamos a entrar en el terreno de la negociación. Nuevamente, no se trata de *repartir*, sino de encontrar el modo en que nuestra pareja funciona mejor.

Dejar cuestiones en manos de nuestra pareja requiere, como es evidente, confianza. Si no hay aspecto alguno en que yo sienta que tú eres más ducha que yo, si no hay ámbito alguno en que yo confíe en tus capacidades por encima de las mías, es muy posible que tengamos un serio problema: o soy un engreído o te desprecio un poco. En cualquier caso, si no puedo confiar en ti, en este sentido el proyecto está severamente comprometido.

Una salvedad más respecto de los acuerdos: no son leyes grabadas en piedra. Por más que hayamos acordado nuestro "sistema de lavado de platos", es posible que un día estés realmente cansada y me pidas que también lave yo los cubiertos. Y, razonablemente, confiando en que no hay mala voluntad de tu parte, yo tendría que acceder.

Lo mismo vale si, supongamos, las decisiones financieras están por un acuerdo previo a mi cargo, pero un día te sientes insegura al respecto y quieres preguntar u objetar: yo no puedo decirte:

—Te callas. Esto es mi campo. Así lo decidimos.

Tendremos que hablar al respecto. Mantener cierta flexibilidad en los acuerdos y ser más fiel al espíritu del acuerdo que a la letra del mismo es importante para que puedan mantenerse.

Ahora bien, si todos los días te sientes insegura respecto de mis decisiones financieras, entonces habrá que repasar el acuerdo. Los acuerdos cotidianos (al igual que los grandes de los que hablamos antes) son siempre provisorios, se mantienen mientras son funcionales. Siempre pueden pasar a *revisión* para reafirmarse, modificarse o cancelarse.

## La posibilidad de renunciar

Es cierto que no siempre conseguimos llegar a un acuerdo. No hallamos una tercera opción, no conseguimos diseñarla y nos encontramos en un campo en el que ambos creemos ser más capaces que el otro.

¿Y entonces? Todavía nos quedan dos opciones sanas para resolver un conflicto. La primera de ellas es la renuncia. Esto es: uno de los dos renuncia a su preferencia y se hace lo que propone el otro.

—Quiero que ahorremos mil pesos por mes.

—No se puede. Las cuentas no dan.

—Sí se puede, podemos reducir gastos.

—¿Qué quieres reducir?

—Podemos vender el auto.

—De ninguna manera.

Si no queremos recurrir a la negociación y no conseguimos un punto de acuerdo, esta discusión puede prolongarse eternamente. Una salida posible es que alguno de los dos renuncie. O bien uno de ellos dice:

—De acuerdo, vendamos el auto.

O bien el otro dice:

—Ok... No ahorraremos.

La clave a tener en cuenta en el método de la renuncia es que, a diferencia de la negociación, no genera una obligación posterior. Yo no puedo decirte luego:

—Yo acepté vender el auto así que ahora tú tienes que pasar Navidad con mi familia.

Eso sería volver a la negociación y, peor aún, es hacerlo de un modo subrepticio que esconde una manipulación: "Te concedo esto porque luego podré pedirte aquello otro". Ni siquiera vale:

—Yo acepté vender el auto, así que ahora tú tienes que aceptar dejar las clases de tenis.

Si tienes que dejar tus clases o no dependerá, en todo caso, de cuánto queremos y podemos ahorrar. El tenis y el auto son dos discusiones separadas. No es válido pensar que, porque yo renuncié a algo, ahora te toca renunciar a ti. El que renuncia, renuncia. El otro no queda en deuda por ello.

Coleccionar deudas es una de las peores cosas que puede hacerse en una pareja. El efecto erosivo de esa actitud es impresionante. Si no puedo renunciar a mi postura frente a determinado conflicto sin por ello considerarme como acreedor, es mejor que no renuncie. Y si ninguno de los dos puede hacerlo, tendremos que buscar otros métodos.

Así como hemos diferenciado la renuncia de la negociación, también vale la pena remarcar la diferencia con el tipo de acuerdo que mencionábamos en el que uno de los dos cedía su preferencia porque confiaba en la mayor capacidad de su compañero. En ese caso, pese a que no era su elección original, luego del intercambio con el otro, él o ella ha llegado a considerar lo que su pareja proponía como la mejor opción. En el caso de la renuncia, la opinión no ha cambiado pese a que se decida a seguir otro curso.

Es una opción especialmente válida cuando no se consigue llegar a un acuerdo, pero es imprescindible tomar una decisión que no puede dilatarse en el tiempo y que es forzosamente en conjunto. Un ejemplo frecuente de esta situación la encontramos respecto de la crianza de los hijos.

Digamos que uno de nuestros hijos tiene dificultades con una asignatura determinada. Un examen se acerca. Yo pienso que hay que dejarlo que se arregle y tú piensas que hay que hablar con la profesora. ¿Qué hacemos?

Nos sentamos y hablamos. Tú expones tu visión de las cosas, yo la mía. Te digo lo que me parece mejor y por qué, y tú haces lo mismo. Entendemos las razones de cada uno, pero no estamos de acuerdo. Ninguno confía más en la mirada del otro que en la propia... Sin embargo, hay que decidir. Pues bien, Supongamos que yo renuncio:

—Hagamos lo que tú dices. No estoy de acuerdo, pero hagámoslo.

Yo sigo pensando que lo mejor sería dejarlo que se arregle solo. No cedo porque comparta tu punto ni porque confíe más en ti. Creo que es un error, pero cedo porque considero más importante actuar en conjunto que modelar la conducta. En estos casos creo que es importante dejar por sentado:

—Lo voy a hacer aunque no estoy de acuerdo.

No para reclamar después, sino para poder seguir pensando la situación más adelante en función de lo que vaya sucediendo. No se trata de decir, cuando las cosas salgan mal:

—¡¡Te lo dije, lero, lero!!

Pero sí de poder retomar la discusión:

—A eso era lo que yo me refería cuando te decía...

Surge muchas veces en este punto una pregunta práctica:

—¿Quién de los dos cede?

Primera respuesta:

—Cedes tú.

—¿Quién?

—Tú, el que está leyendo este libro.

—¿Por qué?

—Porque leer este libro supone un deseo de mejorar la pareja, y eso te vuelve el más responsable de los dos.

Segunda respuesta:

—Cede el más razonable de los dos.

—¡¿Cómo?! ¡Al contrario! Tendría que ceder el otro...

—No. El más razonable comprende primero que la situación no tiene otra salida, que las posiciones son irreconciliables y, en consecuencia, renuncia.

Esto, aunque pueda parecerlo, no es un intento de "dorarte la píldora" para que seas el que renuncia a cambio del consuelo de ser *el más razonable*. Creo sinceramente que sucede de esta forma. No estaría mal que, salvo que alguien sea un *renunciador serial* (en cuyo caso debería trabajar para poder sostener con más firmeza una posición), trabajásemos para volvernos más razonables y tener en nuestro repertorio la posibilidad de la renuncia.

Antes de terminar con el método de renuncia recordemos que estamos en el campo de lo compartido. Lo dicho sólo vale para el espacio común de la pareja. No se puede pedirle al otro que renuncie a algo de su espacio personal y acusarlo de "poco razonable" si no accede.

### Tolerar los desacuerdos

Finalmente, hay un desenlace posible más para un conflicto dentro de una pareja: *el desacuerdo*. Opinamos distinto, no conseguimos generar una tercera opción válida, ninguno puede privilegiar la posición del otro, ninguno puede renunciar genuinamente. Estamos en desacuerdo y no hay nada que hacer.

Pues bien. Esto conduce a que, sanamente, no podamos compartir este aspecto. Habrá que quitarlo del espacio compartido y llevarlo al espacio personal de cada uno. Tú harás lo tuyo y yo lo mío.

Y si no nos enojamos porque el otro no haya aceptado o cedido a mi posición, esto no tiene por qué ser una amenaza para el buen funcionamiento de la pareja ni una razón de malestar para aquellos que la forman.

Constituye, sí, una reducción del alcance. El punto de desacuerdo queda fuera de la pareja. Esta reducción puede ser ínfima y no tener consecuencia trascendente alguna, o puede hacer necesaria una reestructuración de la pareja.

Si el conflicto se trataba de dónde íbamos a comer el jueves por la noche y no podemos acordar bajo ninguno de los modos que hablamos, no compartiremos esa cena. Tú vas adonde tú quieras y yo voy adonde yo quiera. Y, como dije antes, si no nos enojamos, todavía podemos juntarnos después de la cena para pasar el resto de la noche juntos y disfrutarla enormemente.

En otros casos, el desacuerdo no es tan sencillo. En el caso de la conducta frente al examen del hijo habría que concluir: tú hablarás con la profesora y yo hablaré con nuestro hijo y le diré que yo creo que él tendría que arreglarse solo. Él sabrá de nuestro desacuerdo y tendrá que vérselas con eso.

Aún más difícil es el caso del conflicto sobre el ahorro. Si no conseguimos acordar o ninguno de los dos puede renunciar, entonces habrá que concluir que debemos separar nuestras economías. Cualquier otra solución implicará que alguno de los dos acepte condiciones que no tolera y que se llene de rencor. Separar las economías dentro de una pareja no es una cuestión menor, por supuesto, pero hay parejas que se manejan así toda su vida, de modo que es factible. Nuevamente, no debemos enojarnos acusando al otro de poco razonable. En este caso será difícil, habrá que hacer un esfuerzo. Si lo conseguimos podremos separar este aspecto de nuestra pareja y mantener saludables los que restan. De lo contrario, este desacuerdo invadirá todas las otras áreas y acabará por contaminar todo el vínculo.

En ocasiones, aceptar que determinada actividad, situación o proyecto no puede compartirse es necesario para poder compartir otras cosas. Aquí otro fragmento genial e iluminador de la serie *Friends*:

En determinado momento, Phoebe y Monica viven juntas. Monica es una maniática de la limpieza y el orden, Phoebe por el contrario es una hippie, espontánea y algo excéntrica. La convivencia se vuelve insoportable, especialmente para Phoebe. Decide mudarse, pero le da mucha pena decírselo a Monica porque la quiere y sabe que su decisión le dolerá. De modo que se muda, pero mantiene la pantomima de que continúa viviendo con su amiga, lo cual da lugar a situaciones bastante cómicas: Phoebe se va todas las noches a su nuevo departamento, pero sigilosamente regresa por la mañana antes de que Monica despierte; se lleva sus cosas y, cuando Monica nota su falta, se excusa diciendo que las llevó a reparar o cosas por el estilo... Finalmente la farsa no se sostiene y Monica quiere una explicación:

—De acuerdo... —admite Phoebe—. Ya no vivo aquí.

—¿Qué? —pregunta Monica.

—Sí, me mudé hace dos semanas.

—Pero... ¿por qué?

—Porque aquí no puedo comer galletitas sobre la alfombra, no puedo manchar el sillón ni mover los muebles...

—Pero... —intenta excusarse Monica, y Phoebe la interrumpe:

—Está bien. Ésa eres tú. Y yo te quiero así. Pero quiero seguir siendo tu amiga, y no creo que eso pueda suceder si sigo viviendo aquí.

La lógica es inapelable. No me mudo por una falta de amor sino lo contrario. Para cuidar el amor que te tengo, me mudo. Separo una parte de la relación para cuidar el resto porque veo que, indefectiblemente, el vínculo sufrirá si no lo hago. No son pocas las veces en que, por no perder una parte o un aspecto que ya no funciona en una relación, se termina perdiendo la relación por completo.

Cuidar el *proyecto* de la pareja, consiste, entonces, más que nada en mirar con honestidad lo que me sucede a mí y lo que le ocurre a mi pareja para poder moldear, a partir de eso, acuerdos particulares y modos de relación únicos en los que ambos podamos movernos con comodidad.

CAPÍTULO 8

# Pasión

¿Qué será de nuestro cuerpo alado?

Será por ti,

será por mí,

será por todo lo que fuimos

hasta el amanecer.

LAS PELOTAS, "Será"

Abundan en la cultura popular historias y bromas que apuntan a la tendencia de la pasión sexual a diluirse en las parejas estables. Dos amigos conversan:

—La posición preferida de mi esposa es el perrito.

—¡Qué suerte! La de mi esposa es el pez.

—¿El pez? Nunca la había oído... ¿cómo es?

—Se voltea... ¡y nada!

Cuando determinada situación surge una y otra vez en el folclor cotidiano podemos sospechar, con bastante sustento, que hay algo de cierto en ella. Así es: la gran mayoría de las parejas experimentan una disminución de la intensidad de la pasión sexual entre ellos con el paso del tiempo.

Esto no es un descubrimiento. Todos lo sabemos, sea por experiencia personal o ajena. Lo que no está tan claro es por qué sucede... Y más importante aún: ¿es posible hacer algo al respecto?

## Condiciones necesarias

Es relativamente sencillo aceptar que, para que una pareja mantenga un *proyecto* más o menos armonioso, es necesario trabajar sobre él de modo periódico. Mucho más difícil es incluir también a la *pasión* entre aquello que requiere trabajo y que puede generarse de modo deliberado.

Estamos acostumbrados a pensar que la pasión es algo que sucede o no sucede. Alguien *nos calienta* o no lo hace. De hecho, esto parece cierto también para los otros modos de la pasión: un chiste nos resulta divertido o no; algo nos resulta admirable o no. No podemos excitarnos a voluntad del mismo modo que no podemos forzarnos a reír (salvo que utilicemos esa risa falsa tan desagradable) ni a admirar algo.

Todo esto es cierto.

Sin embargo, si bien no podemos causarnos excitación ni risa por mera decisión, sí podemos producir las condiciones que las generan. Sobre todo cuando esas condiciones, aunque difieren mucho de persona a persona, son más o menos estables para cada uno de nosotros.

Cada quien tiene, por ejemplo, cierto tipo de humor preferido. Ningún chiste le causa gracia a todo el mundo pero, para alguien en particular, si un determinado chiste le divierte, es muy posible que otros de ese estilo le resulten graciosos.

A algunas personas, por ejemplo, les resultan graciosos los golpes y caídas. Cuando a alguien le sucede eso, cada vez que presencia (o sufre) un tropezón o cualquier tipo de torpeza física, se ríe. Por el contrario, si a una persona ese tipo de situaciones le deja indiferente o le genera preocupación, es muy probable que ninguna caída, por despatarrada que sea, le resulte demasiado hilarante. Lo mismo les sucede a aquellos que gustan del humor negro, los juegos de palabras o los chistes *naïfs*...

Pueden comprobarlo ustedes mismos. Piensen en las cosas que les hacen gracia y seguramente encontrarán dos o tres patrones: unas pocas categorías en las cuales pueden agrupar todo lo que les resulta divertido. Casi nadie es tan estrecho como disfrutar de una sola clase de humor, pero tampoco hay demasiadas personas que tengan un abanico enorme de cosas que les divierten.

Con la sexualidad sucede lo mismo. Para cada uno de nosotros hay ciertas escenas, situaciones y rasgos que nos resultan excitantes. Y son, más o menos, siempre los mismos.

## Un repertorio limitado

Al igual que con el humor, pocas personas tienen un solo patrón que logre excitarlos. Cuando eso sucede, se conoce con el nombre de *fetichismo*: la absoluta necesidad de un elemento muy preciso (el fetiche) sin el cual no hay excitación alguna. La mayoría de nosotros, en cambio, tenemos un *repertorio* de rasgos y escenas que no es tan reducido aunque, tampoco, demasiado amplio.

Contra lo que en ocasiones se dice de algunas personas, no hay alguien capaz de excitarse con "cualquier cosa". Como contracara, tampoco existe una situación ni una persona que "calentaría a todos".

Las fantasías que se tejen sobre la chica más popular del curso, sobre el capitán del equipo de futbol o sobre una aclamada celebridad, respecto de que serían deseados por todos, son engañosas. No tengo las estadísticas para comprobarlo, pero apostaría a que, dada cualquier persona, son muchos más los que no la encuentran atractiva que los que sí lo hacen. Al mismo tiempo, para cualquiera de nosotros hay menos personas que nos atraen que personas que nos son indiferentes.

Por eso no creo que pueda decirse:

—A mí me gustan las mujeres (o los hombres).

Eso implicaría que, a quien habla, le gustan todas las mujeres. Que bastaría con ser mujer para gustarle, y eso nunca es cierto. Más bien sería:

—Me gustan algunas mujeres.

Y mejor aún:

—Me gustan algunas personas. Se da el caso de que todas son mujeres.

A nadie le gusta otro sólo por ser mujer u hombre. Podría ser que una de las cosas que le gustan (que tenga tetas, por ejemplo) sea una condición que es más frecuente entre las mujeres. Pero estas condiciones no son exclusivas ni suficientes.

Los avances en política de género han demostrado que ningún rasgo es por sí mismo suficiente para consolidar la pertenencia de alguien a un determinado género ni la ausencia de ese rasgo suficiente para excluirlo del mismo. Si algún factor, por sí solo, tiene ese poder, es la decisión de la propia persona de pertenecer a ese grupo.

Todo este rodeo nos lleva a concluir que lo que nos resulta atractivo de nuestro compañero son rasgos, condiciones, gestos, actitudes, modos, situaciones, escenas, configuraciones. No es el otro en su totalidad.

—¿Qué te gusta de mí?

—Todo.

—No, vamos, dime... ¿qué te gusta?

—Todo. Tú, tu esencia.

¡Vamos!

Quien contesta así a la pregunta de "¿Qué te gusta de mí?", o no puede pensar en una sola cosa que le guste del otro o está intentando sostener un ideal supuestamente romántico pero, a mi entender, perjudicial, porque dificulta tanto que tú te conozcas como que lo haga yo... ¿Cómo se supone que podré mantenerme atractivo para ti, si no eres específico en decirme lo que te gusta?

Aceptar que son elementos o condiciones lo que nos excita y no una inasible esencia es duro porque nos remite a aquello mismo que habíamos discutido en el capítulo 5 respecto a ser reemplazables. Nos gusta creer que *soy yo* el que te causa deseo; lamentablemente, en general no nos alcanza con comprobar que *tú sientes deseo conmigo*.

Nuestro modo habitual de pensar a este respecto nos lleva a conclusiones equivocadas y potencialmente nocivas. Digamos, por ejemplo, que Fernando se separa de Daniela. Luego de un tiempo, Fernando presenta a otra mujer, llamémosla Marcia. El parecido de Marcia con Daniela es evidente para todos (incluso para él). Las dos son altas, morenas, con una nariz algo prominente y un poco soberbias.

La conclusión parece ser obvia: Fernando no ha superado a Daniela. Esta deducción es potencialmente dañina porque puede conducir a la idea de que entonces Fernando debe volver con Daniela puesto que la busca aún, en Marcia. Si él mismo acaba por creer esta teoría, su confusión será grande. Lo que sucede aquí, más probablemente, no es que Marcia se parezca a Daniela, sino que ambas se parecen al ideal de mujer que Fernando tiene. Es decir, le gustan así: morenas, narigonas y altaneras. Si se separa de Marcia, la próxima también tendrá rasgos similares (o no le gustará tanto).

Para que una persona nos resulte atrayente es menester que sus rasgos, maneras o actitudes coincidan, o al menos se acerquen a otros que son absolutamente personales y que llevamos de algún modo *grabados*. Es lo que, en términos técnicos, se llama *condiciones eróticas*. Por eso las fantasías sexuales suelen ser muy repetitivas o, cuando menos, puede reconocerse en sus distintas versiones un argumento general o algunos elementos que se mantienen constantes.

Supongamos que una pareja desea tener una noche de pasión y que, para ello, uno de los dos decide usar un disfraz. Esta propuesta, si bien interesante, no es suficiente en sí misma: el disfraz debe dar en el clavo.

—Cuando lo veo vestido de policía no me mueve un pelo... ¡¡pero cuando aparece con el overol de plomero y la caja de herramientas me encanta!!

Por supuesto, para otra persona el caso podría ser exactamente el contrario: el plomero no produce más que indiferencia y el policía resulta un gran estimulante. Cuando *eso* (tan difícil de definir) está presente, la excitación puede surgir; cuando no está, no hay manera.


## La rutina no es el problema

Todo esto nos es útil para comprender que, si conocemos las condiciones que nos provocan excitación, así como las de nuestra pareja, tendremos entonces herramientas para generar esa pasión que parece tan elusiva entre las parejas estables.

El hecho de que las condiciones eróticas sean más bien repetitivas y estables en el tiempo nos plantea, sin embargo, una interrogante. Si lo que despierta la pasión es más o menos siempre lo mismo... ¿por qué habría de disminuir con el tiempo? El tan mentado enemigo de la pasión en la pareja, la rutina, no podría ser ya el culpable de los problemas.

En efecto, no creo que la rutina sea la causa.

Quien toca un instrumento musical puede hacerlo de modo muy apasionado y no por ello necesita andar cambiando de instrumento para mantener su interés. Es más, es probable que, luego de probar la batería, un guitarrista sostenga:

—Está bien... pero me quedo con la guitarra.

Pensar que el problema es la rutina conduce con facilidad a la idea de que, si quiero mejorar mi vida sexual, tengo que buscar alguien nuevo y diferente; o sea: tengo que estar con otra persona. Sin embargo, ésta es una idea equivocada. Ni la rutina ni el paso del tiempo son, por sí mismos, los que debilitan la pasión. Y por ello, la infidelidad o el cambio de compañero no son nuestras únicas salidas.

Por la misma razón, la búsqueda de novedades, ese aclamado antídoto contra la disminución del deseo, no es suficiente. Los nuevos juguetes, las nuevas posiciones o los diferentes entornos pueden ser enriquecedores para la sexualidad de una pareja, pero rara vez logran ser suficientes para reactivar la pasión más allá de los primeros momentos.


## Demasiada familiaridad

Lo que muchas veces impide el desarrollo de una buena sexualidad es un factor *asociado* al paso del tiempo y a la rutina: me refiero a la excesiva cercanía. La sexualidad requiere alteridad. Es decir, requiere que el otro sea otro. Si mi pareja se ha vuelto demasiado cercana, demasiado familiar, la sexualidad se inhibe (ya se sabe que con la familia no se coge).

Cuando formamos una pareja estable, poco a poco comenzamos a compartir cada vez más cosas. Y si convivimos, muchas más. Y si tenemos hijos, muchísimas más. Y si además trabajamos juntos, aún más... De no tener cuidado, se va produciendo entre nosotros una especie de amalgama. Cuando eso sucede, el otro se desdibuja y deja de haber alguien con quien encontrarse. Para que haya deseo es necesario que haya *aire* entre tú y yo; que haya cierta distancia que cruzar.

Por eso cuanto más estables son las parejas, cuanto más establecidas están, el sexo tiende a diluirse. No hay tensión que lo sostenga. Es frecuente una queja que podríamos formular más o menos así:

—No lo entiendo. Estamos bien en todos los otros aspectos. Nos queremos, nos llevamos increíble... pero en la cama no pasa nada.

Ahora deberíamos decir, más bien:

—Porque estamos bien en todos los otros aspectos, en la cama no pasa nada.

En este sentido, hay parejas que luego de mucho tiempo de estar juntos mantienen una sexualidad activa y satisfactoria utilizando un método no muy recomendable: se pelean y se reconcilian con periodicidad. La secuencia se repite una y otra vez: tienen un tiempo de calma, luego una pelea feroz, más tarde se reconcilian, gozan de algunos encuentros sexuales maravillosos y el ciclo vuelve a empezar. Es todo bastante rutinario, hasta tal punto que ellos mismos saben cómo continúa la secuencia. Sin embargo, la pasión entre ellos sigue siendo poderosa.

Otra manifestación del mismo fenómeno: una pareja tiene una vida sexual insatisfactoria para ambos. Luego de intentar numerosas técnicas y estrategias sin éxito, una tarde deciden finalmente separarse. Esa noche, acostados en su cama como una pareja de separados ya, tienen un sexo fantástico, como el que no han tenido en años...

¿Qué pasó aquí? Esa distancia, esa incertidumbre, era lo que les faltaba. O, más bien, la seguridad les estaba sobrando. Los encadenaba. Los detenía.

Pero ¿entonces tendríamos que comenzar a llevarnos mal para tener buen sexo? Por supuesto que no. Tenemos que admitir, sí, que las parejas cuya convivencia está plagada de peleas suelen tener menos dificultades sexuales. Tal es el caso de las *parejas tormentosas*, por ejemplo, de las que hablábamos en el capítulo 2, o de las parejas que se celan mutuamente. Es posible que, si nos zambulléramos en esos abismos, recobraríamos algo de la sexualidad perdida, pero el costo sería probablemente demasiado alto.

## Desconocernos

No es necesario recurrir a modos tan extremos y agotadores como las peleas continuas o las reiteradas amenazas de separación. De lo que se trata es de poder inyectar algo de aire entre nosotros, de desconocer un poco a nuestra pareja.

Un paciente mío solía ir a bailar tango con su esposa. Un día su mujer le dijo que no podría ir, de modo que acordaron que él iría solo, luego del trabajo. Mi paciente se demoró en su oficina y llegó a la milonga con algo de retraso. Cuando entró al salón, los asistentes ya estaban por comenzar a bailar una pieza. De inmediato le llamó la atención una mujer que estaba de espaldas y que le resultó muy sexy: "¡Qué buen culo!", pensó. Cuando la música comenzó y, luego de los primeros pasos, la mujer dio un giro, mi paciente comprobó con sorpresa que aquella mujer tan sexy era su esposa. El compromiso que tenía se había cancelado y había decidido encontrarlo directamente allí.

No es que mi paciente y su esposa tuvieran una sexualidad insatisfactoria, pero hacía tiempo que él no sentía esa lascivia por ella. Cuando la vio como si fuera otra pudo ver en ella algo a lo que la excesiva proximidad lo había cegado.

Historias como ésta, en las que se confunde a la propia pareja o se la ve como otros la ven (en un video, por ejemplo) y se la encuentra nuevamente atractiva, son muy frecuentes. Debemos tomarlas como una comprobación de que el problema no está en el otro en sí mismo, sino en el lugar que le damos: en el papel y la escena que nosotros mismos le conferimos.

En un gran cuento del escritor español Javier Marías que se titula "Cuando fui mortal", el protagonista dice: "La ventana del amante tiene un interés que nunca tendrá la nuestra". Esta transformación de contexto es lo que muchas personas buscan cuando se involucran en un *affaire* extramatrimonial o cuando tienen un amante.

Es este rol distinto que el otro tiene (más lejano, más misterioso, más incierto) lo que hace que la relación sea más excitante. En ocasiones se cree que lo que establece la diferencia son las personas en sí. Recordemos esos casos, de los que hablamos en el capítulo 2, de hombres o mujeres que, siguiendo esta lectura, se separan de sus parejas para formalizar con su amante, convencidos de que han encontrado, ahora sí, al *amor de su vida*. Muchos se sorprenden al poco tiempo, cuando descubren que con su nueva pareja les sucede lo mismo que con la anterior.

Comprenden, algo tarde, que era la condición y no la persona lo que hacía la diferencia.

Esto no implica que estemos condenados a una vida sexual reducida y debilitada con nuestra pareja estable; implica, más bien, que, para que la pasión pueda arder, es necesario que por momentos nos olvidemos de que esa persona es nuestra mujer, nuestro marido, nuestro novio, nuestra novia... Es necesario verlo con otros ojos.

Por lo común pensamos que sabemos todo de nuestro compañero:

—Hace veinte años que estamos juntos. ¡¿Te parece que puede haber algo que no sepa?!

Sí, me lo parece.

Es más, estoy convencido de que hay cosas que no sabes. Justamente porque hace veinte años que están juntos y es muy probable que eso haga que él o ella no te cuente ciertas cosas y que tú no quieras ver algunas otras.

Una mujer que conozco tenía un matrimonio notablemente estable. Se querían mucho. Todo funcionaba de modo ordenado y era previsible. No debe extrañarnos ya que la sexualidad estuviera notoriamente ausente entre ellos. Ella estaba convencida de que ni a su marido ni a ella la cuestión les interesaba demasiado.

En determinado momento, el marido tuvo que hacer un viaje de trabajo. Mientras él estaba fuera, ella encontró involuntariamente en la computadora del hogar que, antes de su partida, él había consultado servicios de *escorts* en la ciudad que visitaría.

Además de las reacciones más habituales y comprensibles (dudas, inseguridad, enojo), ella no pudo dejar de reconocer que ese descubrimiento le había producido cierta admiración:

—Como que me inspiró respeto. Mira, me dije, no es tan predecible como yo creía. Hasta me pareció más atractivo.

Esta mujer supo, en ese momento, que su marido no era exactamente el que ella creía. Tenía deseos y ambiciones de los que ella nada sabía y eso era atrayente. Aunque nos horroricemos por ello, los casos en los que la sexualidad de una pareja renace luego de que se descubre una infidelidad son numerosos.

Sin llegar a tales extremos, es importante mantener presente la idea de que no sabemos *todo* acerca de nuestras parejas, que no los hemos descifrado por completo.

## Algo de atrevimiento

La extrema cercanía no es la única característica de las parejas estables que pueden obstaculizar el desarrollo de una sexualidad satisfactoria. La ternura y el cuidado mutuo, ambas por supuesto deseables en una relación de pareja, pueden tener, respecto de la sexualidad, un efecto contraproducente. Lo que sucede es que, si no para todos, al menos para muchos, el buen sexo requiere algo que podríamos llamar cierto *atrevimiento*.

Es necesario poder avanzar sobre el otro, sobre su cuerpo. Tocarlo, olerlo, gustarlo, penetrarlo, mojarlo.

¿Se imaginan un encuentro sexual absolutamente respetuoso?

—Disculpe, señorita, ¿sería tan amable de permitirme que acaricie delicadamente uno de sus senos?

—Por supuesto, caballero, hágalo usted. Mientras, si es de su agrado, posaré mi mano con suavidad sobre su pene.

Hasta puede que, como fantasía inicial, sea del agrado de alguno; pero seguro que si esta escena es excitante es porque se prevé que, eventualmente, estos dos que se muestran tan recatados perderán la compostura. Si todo el encuentro se mantiene en ese tenor es probable que resulte más bien soso. Como decía una amiga mía: "El Príncipe Azul no calienta a nadie".

El buen sexo suele ser feroz, desaforado, hasta voraz. Con nuestras parejas, a menudo nos alejamos de ello. Nuestra voluntad de cuidarlos y protegerlos nos impide dar rienda suelta a estos impulsos. El amor y la pasión no sólo no van juntos aquí sino que entran en conflicto; uno empuja en un sentido y el otro, en el contrario.

Asimismo, con aquellos que nos importan solemos recatarnos de más. No nos atrevemos a mostrar ciertas apetencias sexuales. Creemos que seremos juzgados y censurados.

*¿Qué va a pensar de mí?*

—Que soy un pervertido.
—Que soy una puta.
—Que soy un sádico.
—Que soy débil.
—Que soy maricón.

Atención: estas ideas de que seremos censurados no siempre son mera paranoia. Hay algunas personas que en efecto pensarían barbaridades de nosotros si les contáramos ciertas fantasías.

Sería muy deseable que una pareja tuviera libertad para compartir sus fantasías. Si lograran incluir de algún modo estas escenas en su vida sexual, la misma se enriquecería enormemente. En ocasiones, sin embargo, alguien percibe que su compañero no tendrá la amplitud de mente necesaria y que el costo de revelar el contenido de su imaginación sexual sería enorme. En estos casos una opción es, por supuesto, callar;

pero también es posible detenerse a explorar la propia fantasía y tratar de extraer de ella su estructura o bien algún elemento aislado que pueda revelarse e incluirse en la relación de pareja sin correr el riesgo de ser juzgado. Aun cuando decidamos mantener nuestras fantasías en el campo privado, habría que estar convencidos de que lo hacemos por preferencia y no porque sean reprochables. Ninguna fantasía lo es.

## La preocupación por hacerlo bien

Del mismo modo, cuando nuestro compañero sexual es alguien cuya opinión nos importa, muchas veces terminamos muy preocupados por *hacerlo bien*. Esta preocupación (llamada también *ansiedad de performance*) está detrás de la inmensa mayoría de las disfunciones sexuales.

Lamentablemente tenemos una idea bastante estrecha de cómo debería ser un *buen* encuentro sexual. Lo sorprendente es que ese ideal nada tiene que ver con el disfrute de uno, el otro o ambos. Está relacionado con que se cumpla una serie de requisitos. La idea que la cultura, la medicina y el saber social en general han instalado es tan simple que, una vez enunciada, revela toda su ridiculez. Creemos habitualmente que el buen sexo debe seguir el siguiente esquema:

Erección ⟶ Penetración ⟶ Orgasmo

Debe incluir las tres instancias y deben darse en ese orden. Si eso no sucede, algo anda mal.

Claro está, esto es una tontería:

Hay erección sin orgasmo y orgasmo sin erección.

Hay orgasmo sin penetración y penetración sin erección.

Y hay, por supuesto, placer sin erección ni penetración u orgasmo.

Es cierto que, cuando un encuentro sexual cumple con estas tres condiciones, nos produce una gran satisfacción. Pero esa satisfacción poco tiene que ver con el placer sexual. Es la satisfacción del deber cumplido, el alivio de saberse entre la normalidad, el regocijo de contar (imaginaria o concretamente) con la aprobación de los demás.

Los hombres parecemos ser particularmente vulnerables a la *ansiedad de performance*. Quizá sea porque las pruebas de virilidad aún continúan atadas a las proezas sexuales, mientras que las pruebas de femineidad se miden más por las proezas amatorias (para caer en el estereotipo, diríamos que si en el bar él presume cuántos orgasmos le proveyó, en la peluquería ella alardea de cuántos llantos le dedicó). De todas maneras, conforme las mujeres se acercan más y más a centrarse en su propio disfrute, deben tener cuidado si no quieren ser presa de estos mismos males que hasta aquí han aquejado primordialmente a los hombres.

En el libro *Hablar solos*, de Andrés Neuman, uno de los personajes comenta una escena en la que un hombre y una mujer tienen sexo. Él acaba precozmente y entonces ella le reclama:

—¡No se trata sólo de ti!

Ella asume que si él acabó y ella no es porque a él no le importa ella. Es un egoísta.

Nada más alejado de la verdad. El personaje de Neuman así lo señala:

> El problema de un eyaculador precoz es exactamente el contrario. Es que el pobre es incapaz de disfrutar. Ni siquiera sabe cómo. De lo que se trata es de aprender a mejorar el placer propio. De hacerlo más complejo. Hace falta ser buenos en la cama por puro egoísmo.

Cuando un hombre tiene eyaculación precoz acaba, pero no goza. No disfruta en el sentido de que no la pasa bien porque, sencillamente, no es ése el objetivo que persigue. Él está muy preocupado por que su compañera goce o, alternativamente, piense bien de él.

Aun cuando en este caso sí sea egoísta porque lo que le importa a él es su propia imagen, no hay que pasar por alto el hecho de que él la elige como jurado a ella: vale decir, tiene en muy alta estima la opinión de ella.

Lejos de tratarse de un caso en que a él no le importe ella, el problema está en que le importa demasiado. Ésta es la razón por la cual la mayoría de los hombres que sufren disfunciones sexuales las padecen con mujeres que tienen mayor gravitación en su vida.

## La pasión requiere aire

Llegamos nuevamente a que cierta distancia, esta vez *afectiva* (no cuidar tanto al otro) e *ideológica* (no estar tan pendiente de la opinión del otro), resulta clave para que el deseo sexual fluya libremente.

Y nuevamente, no se trata de aplicar esa distancia a todos los aspectos de nuestra relación ni de buscarse alguien que nos importe menos, sino de poder entrar y salir de ese modo de vinculación.

Cuando nos vamos a la cama (o a la cocina, o al baño, o al auto...) eres otra persona. Como muy bien dice Esther Perel, a quien debemos leer y oír si de sexualidad en el matrimonio se trata, el sexo no es algo que se hace, es un lugar al que se va.

Mantener una sexualidad vital y satisfactoria en una pareja estable depende, más que de cualquier otra cosa, de estar dispuestos a adentrarnos en este lugar (un tanto misterioso, un tanto incierto, un tanto arriesgado) con nuestro compañero. Requiere valor. Pero la recompensa es enorme.

## Admiración y humor

Ahora, unas breves ideas sobre los otros dos modos posibles de la pasión en la pareja.

En cuanto a la admiración, generarla voluntariamente parece una tarea prácticamente imposible. Un avezado terapeuta de parejas contaba a menudo que iban a verlo matrimonios con varios años de casados y que, en la primera consulta, ella (en general era la mujer) solía decir compungida:

—El problema es que yo... ya no lo admiro.

La intervención del viejo terapeuta era... ¡morirse de la risa!

—¡Después de treinta años quieres admirarlo! ¡Estás loca!

La admiración, sostenía el terapeuta, es para los primeros momentos, para la etapa del enamoramiento. Una vez que realmente conoces al otro, que sabes de todas sus miserias y sus miedos, no hay modo de que sea demasiado *admirable*. Nos damos cuenta de que, aun en el mejor de los casos, no somos más que personas.

Tal vez esta admiración ingenua no sea posible (ni deseable) en una relación madura, pero entonces puede darse otro tipo de admiración: la que ocurre cuando, a sabiendas de los defectos que el otro tiene, valoramos en gran medida lo que el otro hace con ello. Quizá nos beneficiaríamos de realizar, de tanto en tanto, el ejercicio de reconocer los aspectos que consideramos más valiosos en nuestras parejas.

El humor es el último bastión de la pasión en la pareja. Y no porque sea de una jerarquía inferior, sino porque es un recurso con el que siempre (o casi siempre) podemos contar.

Para que el humor canalice la pasión en una pareja es necesario que sea compartido. Una manera de lograrlo es mediante códigos compartidos, cuando tú y yo nos reímos de algo que sólo nosotros entendemos o cuando, aunque todos rían, sabemos que hay algo que nos hace gracia especialmente a nosotros. El otro modo, aún mejor, es el de reírnos de nosotros mismos. Para reírse de uno es necesario dejar de lado la omnipotencia. En la pareja sucede lo mismo. Sólo cuando renunciamos a la idea de que podemos con todo (así como a la idea de que nuestra pareja debería poder con todo) estamos en condiciones de comenzar a divertirnos con nuestras propias miserias, con nuestros modos repetitivos que, mirados bajo la luz adecuada, no dejan de ser ridículos.

CAPÍTULO 9

# Amor

*There are two things I will carry in my pocket at the end.*

*Oh, my darling,*

*you are one of them.*

(Hay dos cosas que llevaré en mis bolsillos al final.

Oh, querido mío,

una de ellas eres tú.)

BASIA BULAT, "Oh, My Darling"

Nos resta, finalmente, abordar la cuestión de cómo mantener el amor. Volvemos así al capítulo 1, a la historia de Thevie el lechero: ¿cómo aprender a amar?

Contamos, en este caso, con una ventaja respecto de las tareas que discutimos en función del *proyecto* y de la *pasión*: la tendencia natural del amor es a crecer con el tiempo.

El simple tiempo compartido provoca que el amor se desarrolle. Se crean recuerdos conjuntos, y el otro forma una parte cada vez más integral de nuestras vidas, como una enredadera que creciera metiéndose entre los ladrillos de un muro. Como bien le dice el Zorro al Principito de Saint-Exupéry:

—El tiempo que perdiste por tu rosa hace que tu rosa sea tan importante.

## Rivales del amor

Si el amor corre peligro de deteriorarse o agrietarse en una pareja estable (y siempre lo corre) no es por un proceso intrínseco sino porque es vulnerable a otros factores.

El manejo de los espacios personales y compartidos del que hemos hablado extensamente en los capítulos anteriores es uno de ellos. El amor no florece en cautiverio. Por el contrario, se enrarece y se avinagra. La frase remanida, pero no por ello menos cierta, dice: "Si amas a alguien, déjalo libre".

Es evidente que la presencia de malos tratos y de agresividad socava el amor. De hecho, la violencia (tanto física como psicológica) es una de las pocas situaciones que justifica, por sí sola, la disolución de un vínculo. Y ello a pesar de que el amor pueda todavía resistir y mantener alguna fibra aún pulsante.

El psicólogo argentino Gabriel Rolón relata en su libro *El lado B del amor* una intervención que considero muy adecuada. Una paciente cuenta que el marido la golpea. Se plantea una inevitable separación. La paciente objeta:

—Pero es que yo lo amo.

Rolón, con muy buen tino, responde:

—¿Y eso qué tiene que ver?

Se podría continuar así:

—Puedes seguir amándolo... a distancia. Deséale lo mejor, tú desde tu casa y él en la suya. Pero estar juntos les hace mal. O al menos te hace mal a ti: es suficiente.

Hay valores más importantes que el amor y, como ya dijimos, amarse no siempre conduce a la conclusión de que debemos estar juntos.

## Rencor y diálogo

Tal vez uno de los sentimientos que más corroen el amor en las parejas que llevan ya algunos años juntos es el rencor. Pequeños agravios, decepciones menores o mayores, que se van acumulando, apelotonando, condensando hasta formar un coágulo de material pútrido.

El rencor lo contamina todo. En cada contestación demuestra su influencia: el tono demasiado agudo, un sutil gesto de desprecio. Es capaz de transformar cualquier discusión banal en una batalla en la que siempre está en juego la continuidad del vínculo. Es realmente agotador.

Para combatir el rencor hacia nuestra pareja disponemos de dos métodos: uno *preventivo* y otro *curativo*. El modo de *prevenir* el rencor es, claro está, hablar. Pero hablar en pareja no es simplemente quejarse de todo lo que me desagrada del otro. No se trata de hacer un listado de reclamos ni una lectura de cargos. Se trata de hablar y, por supuesto, también de escuchar. Es decir, de dialogar.

El diálogo en una pareja muchas veces toma la forma de la discusión. Y eso está bien. Hay que discutir con la pareja. Si no queremos que se acumule rencor, debemos hacerlo. No hay que asustarse. Es más, me parece que sería interesante establecer una dosis mínima de discusión a la semana.

Imagino algo así:

—Hola, amor, ¿cómo fue tu día?

—Fantástico. ¿El tuyo?

—Todo muy bien, pero... ¿sabes de qué me acabo de dar cuenta?

—¿De qué?

—De que no discutimos para nada esta semana...

—¿Y?

—Y, ¿por qué no nos vamos a tomar un café y discutimos un rato?

—Pero no tenemos nada que discutir.

—No te preocupes, seguro que encontramos algo.

Y claro, seguro que algo encuentran.

Algunos dirían que esto sería *revolver mierda*. No estoy de acuerdo; en todo caso, si queremos mantener la metáfora escatológica, sería como usar regularmente el destapacaños, para que las tuberías no se tapen.

Ahora bien, para que las discusiones no se transformen en peleas, en un intercambio de acusaciones que no llevan a una situación productiva, es necesario tener en cuenta un par de cuestiones: una *de fondo* y una *de forma*, ambas de primordial importancia.

La *cuestión de fondo* es estar dispuestos a creer en lo que el otro dice. Para que el diálogo se vaya construyendo, como un modelo en el que un bloque se asienta sobre otro, es necesario que yo escuche lo que el otro me dice como una verdad, más específicamente como *su verdad*. Si yo no le creo, no habrá construcción alguna. Tú pones un bloque, yo lo saco y pongo el mío. Tú sacas el mío y pones el tuyo de nuevo. Un cuento de nunca acabar. Así jamás podrá haber comunicación. Cuando yo intento dilucidar la veracidad de las palabras de aquel con quien hablo, lo que se establece es un interrogatorio o un careo, pero no un diálogo. Debo preguntarme, antes de comenzar una discusión, si estoy dispuesto a creer lo que mi pareja va a decirme. Si encuentro que no lo estoy, mejor ni empezar la discusión. De todos modos, en la mayoría de los casos, lo más recomendable para poder dialogar es disponerse a creer.

Por su parte, la *cuestión de forma* radica en hablar de lo que uno siente o desea y no de lo que el otro hace.

Si alguien dice, por ejemplo:

—Me dejaste sola en la reunión.

Lo más seguro es que el otro responda a la defensiva:

—No fue así. Lo que pasa es que tú no te integras.

—No, *tú* no me integras...

La conversación rebota de un lado a otro y la discusión se eterniza. Nuevamente, no hay diálogo porque no hay construcción. Si, en cambio, se dijera:

—Me sentí sola. Me gustaría que me ayudes a integrarme.

Entonces el otro podría decir, por ejemplo:

—No sé cómo hacerlo. Siento que me pierdo todo lo que pasa en la reunión si me dedico a eso.

Entonces dejamos de lado las acusaciones y comenzamos a escuchar a nuestra pareja. En el ejemplo, aún estamos lejos de resolver la cuestión, pero al menos tenemos una idea de lo que nos pasa a cada uno y de dónde está el conflicto. Podemos avanzar a partir de allí.


## El ejercicio de la compasión

El segundo modo de lidiar con el rencor, el *curativo*, es ni más ni menos que la *compasión*. Cuando nuestra pareja hace algo que nos daña, solemos pensar que lo hace a propósito o, al menos, lo hace porque no le importa. Y aunque no lo pensemos así, nos conducimos como si éstas fueran sus razones. En el fondo hay una gran sobreestimación del otro, se le imagina casi omnipotente:

—Él podía haberme ahorrado el dolor y no lo hizo. No le importó.

La compasión, en cambio, nos invita a recordar que nuestro

compañero es humano. Como tal, tiene falencias y miserias, además de sus propios intereses y preocupaciones.

En su libro *Más que dos*, Franklin Veaux y Eve Rickert dan una definición fantástica: la compasión, sostienen, consiste en atribuirle al otro siempre los mejores motivos. Cuando hace algo que nos daña, es infinitamente más probable que lo haga porque no supo hacer otra cosa, porque se estaba defendiendo de alguna íntima miseria o porque cuidaba algún interés propio.

Puede no parecerlo pero, en mi opinión, ésta es una de las cuestiones más importantes que pueden determinar el futuro de una pareja. Si somos compasivos con el otro, si comprendemos sus motivos sin menospreciarlos, si moderamos lo que esperamos del otro y aceptamos que no siempre estará (como tampoco lo estaremos nosotros) a la altura de nuestras expectativas, tendremos entonces más posibilidades de lidiar con los dolores que estar en pareja conlleva.

Si profundizamos en esta línea, tal vez podamos no sólo evitar enojarnos con las miserias de nuestro compañero, sino transformarlas. No me refiero a cambiarlas o hacerlas desaparecer (lo cual es sospechosamente beneficioso para mí aunque se presente bajo el letrero de "Yo quiero ayudarte") sino, por el contrario, a darles algún tipo de dignidad, de belleza.

Hace algún tiempo atendí a una mujer a quien se le imponía una idea obsesiva: tenía miedo de transmitir el virus del VIH. Ella no lo portaba, pero no podía dejar de pensar que, tal vez, podía haberlo contraído sin saberlo todavía y transmitirlo de los modos más inverosímiles (que alguien se sentara en la misma silla en la que ella había estado o que alguien se llevara la mano al ojo luego de tocar algo *contaminado* por ella). Aunque se daba cuenta de la irracionalidad de aquella ocurrencia, no podía evitarla.

Es comprensible que esta mujer tuviera dificultades para entablar contacto sexual: todos sus miedos se disparaban de golpe. Sucedió que, después de algún tiempo de acudir a terapia, estos pensamientos obsesivos habían mejorado parcialmente y eso le había permitido comenzar una relación con un hombre que le gustaba.

Un día caminaban por la calle abrazados por la cintura. Jugueteando, él deslizó la mano por dentro del pantalón de ella con tal mala suerte que sus dedos fueron a dar a un pequeño gránulo que ella tenía en la parte superior de la ingle. Al instante, todos los miedos de mi paciente se dispararon. "¿Y si el granito tenía pus? ¿Y si había salido una ínfima cantidad de sangre? ¿Y si él se llevaba luego esa mano a la boca o a los ojos? ¿Y si le transmitía el VIH...?"

La ansiedad la desbordaba y por ello le pidió a su compañero que entrara en un bar y se lavara las manos. Él sabía algo del padecimiento de ella e intentó confortarla diciéndole que estuviera tranquila, que nada grave había sucedido y que era imposible que lo contagiara de ese modo, aun cuando ella tuviese un VIH que en realidad no tenía. Todas las razones fueron insuficientes y ella insistía en que él se lavara las manos. Él dudaba, no quería alimentar la locura de ella, tampoco dejarla así angustiada. Entre una cosa y otra llegaron a la casa de él. Ella repetía el mismo pedido. Él, algo ofuscado, entró al baño. Unos momentos después la llamó. Ella se acercó y lo encontró esperándola, con el agua tibia corriendo y un jabón aromático en la mano.

—Lávame las manos tú —le dijo tendiéndole el jabón.

Ella lo tomó y comenzó a lavar las manos de él, suave y delicadamente. Se demoraron un largo tiempo y luego comenzaron a besarse para terminar teniendo sexo, allí mismo, en el baño.

Más tarde, mi paciente me comentó que jamás se había sentido tan amada. Este hombre había conseguido, sabiéndolo o no, transformar la más profunda miseria de esta mujer en algo bello. No la había consentido en su conducta neurótica ni tampoco la había dejado sola con ello.

## Amo lo que amas

Quizás esta actitud sea parte de una regla más general que propone que, cuando alguien te ama bien, hace que tu vida sea mejor. Valora, cuida y ama las cosas que tú amas, aquello que te hace bien.

Propongo dos ejemplos al respecto: uno real y uno de ficción.

Cuando la que hoy es mi esposa era aún mi novia, me acompañó a un pequeño local donde se compraban libros usados. Yo me proponía vender algunos libros que ya había leído y comprar otros por ese valor. Mi novia decidió esperarme en el auto y yo entré a la reducida tienda. Luego de hojear unos cuantos libros, llevé al mostrador algunos que me interesaban y le enseñé al dueño los que tenía para vender. El trato que me propuso me pareció absurdo, algo así como que yo entregara diez libros a cambio de uno solo, también usado... Ante mi sorpresa, me explicó por qué mis libros no valían gran cosa, que a nadie le interesarían, que eran ediciones viejas, etcétera. No hubo trato y salí del local abrazando mis viejos libros. Estaba, debo confesarlo, algo golpeado. Eran mis libros después de todo; que estuviera dispuesto a venderlos no significaba que no tuvieran valor para mí, pues en su momento los había elegido, leído y disfrutado. Que los denostaran, como el librero había hecho, no me había causado gracia alguna.

Cuando subí al auto le conté a mi futura esposa lo sucedido. Ella, sin duda alguna en su voz, a pesar de que no sabía qué libros quería yo vender ni cuáles quería comprar, ni conocía demasiado sobre el negocio de libros usados en general, sentenció:

—¡De ninguna manera! Por supuesto que no ibas a venderle nada. ¡¡Qué sabe ese estúpido!! Por eso tiene ese tugurio de mierda...

Me reí con ganas y el malestar se esfumó. No puedo decir que en ese momento haya decidido que sería mi esposa, pero les aseguro que sumó muchos puntos. Es una actitud que mi esposa siempre ha conservado y por la que yo estoy siempre agradecido: reconoce rápidamente qué cosas son importantes para mí, las valora y las cuida (en ocasiones más que yo mismo).

El otro ejemplo proviene de la película *Her*, de Spike Jones. La película narra la historia de amor entre un hombre, Theodore, y una inteligencia artificial (AI), Samantha. En un texto que escribí hace un tiempo sobre la película, sugerí que bien podría haberse titulado "*Her* o el buen amor". Porque creo que allí puede verse un verdadero y sano amor: el de Samantha por Theodore, no tanto así el de Theodore por Samantha.

Para empezar, Samantha conoce muy bien a Theodore. ¡Claro, está dentro de su computadora! Ha leído todos sus mails y su disco duro en segundos, y usa esa información (y toda la que va acumulando de él) para darse cuenta (o de calcular, podríamos decir, ya que es un programa) hacia dónde quiere ir Theodore, e intenta ayudarlo a avanzar en ese sentido. Él le dice que está desorganizado y ella busca ayudarlo a organizarse; luego se da cuenta de que se siente solo, de que extraña a su ex y le busca citas. ¡Hasta lo ayuda a jugar sus videojuegos! Lo *motiva* en todo sentido.

No es que Samantha no sienta cosas por Theodore, sino que ve que eso es lo mejor para él. Tampoco lo hace desinteresadamente: a ella le interesa el bienestar de él. Samantha no es una sierva ni una mártir (el amor está lejos de eso), ella la pasa muy bien también. No hace lo que él le pide, sino lo que él necesita. El trabajo de Theodore consiste en escribir cartas de amor por encargo. Cuando le pide a Samantha que las corrija, ella lo hace, pero además le dice cuál es su favorita y la lee en voz alta. Samantha se da cuenta de que, si él le pide que corrija sus cartas, es porque está inseguro, y entonces lo que necesita es valoración. Más adelante en la película, Samantha juntará los textos que Theodore escribe (de los cuales él mismo ha dicho en el comienzo: "Son sólo cartas") y hará un libro.

Nos encontramos de nuevo con ese rasgo: el amor hace que alguien vea en otro la belleza que él mismo no ve.

En la película, tristemente, Theodore no está a la altura de un amor como el que Samantha le prodiga. En cuanto ella aparta su atención de él, Theodore teme haberla perdido. Y cuando ella le dice que quiere expandir su conciencia hablando con otras inteligencias artificiales, con otras personas, él se siente amenazado, disminuido, y la cela. Finalmente, Samantha y las otras AI deciden irse, se retiran del universo humano. No dan mayor explicación. Mi hipótesis es que han concluido que las personas no estamos listas para amar de este modo...

Es muy probable que las AI de *Her* estén en lo cierto. Pocos de nosotros sabremos amar como lo hacía Samantha. Eso no significa que no podamos aspirar a ello, que no reconozcamos que ésa es la dirección en la que deberíamos movernos, el horizonte y el modelo que habría que perseguir.

## Para terminar

Hace ya más de diez años, encontré en el libro *Amores iguales*, de David Leavitt, un epígrafe que he atesorado desde entonces. El fragmento pertenece a un poema de W. H. Auden, que se titula "The More Loving One" y dice así:

*If equal affection cannot be,*
*let the more loving one be me.*

Toda traducción posible es injusta porque siempre le quitará algo de belleza a estas líneas perfectas. Sin embargo, seré irrespetuoso y ensayaré la mía:

Si amores iguales no puede haber,
deja que el que más ame sea yo.

No sólo las palabras de Auden son de una belleza exquisita sino que transmiten, a mi entender, con sutil precisión cuál es la mejor postura en una relación amorosa. La pareja que mejores oportunidades tiene de superar los múltiples y diversos escollos que la vida conjunta conlleva es aquella en la que ambos pelean por ser el que ame *un poco más*.

Tiempo después de encontrar aquel epígrafe fui a buscar el poema original. Descubrí, para mi sorpresa, que el poeta no le habla a otra persona. Les habla a las estrellas. Y les dice que él sabe que a ellas él les importa un bledo, que de hecho ellas ignoran por completo su existencia. Sin embargo, él contempla ese ardor al que no puede responder y las ama. Está dispuesto a ser el que más ama de los dos.

Quizá finalmente se trate de eso, de amar a otro así, como Auden ama a las estrellas. Sin esperar otra retribución que la dicha de amar, ni siquiera la de ser amado...

Tal vez también sea un horizonte difícilmente alcanzable, pero no un faro inútil. He oído algunas historias de personas que han podido acercarse a ello. Por ejemplo, la de una amiga que se había comprometido. A pesar de este hecho, una sensación la apenaba. Sentía que su novio estaba más entusiasmado con el casamiento que ella. Eso la hacía sentirse un poco culpable. ¿Significaba que ella lo amaba menos? ¿Era justo arrastrarlo a este matrimonio desigual?

Decidió entonces hablar con él. Se paró frente a él y le dijo lo que sentía. Dio algunos rodeos y luego dijo algo como:

—Es que yo te veo muy enganchado y yo no lo estoy tanto... no quiero lastimarte...

En cuanto su novio comprendió hacia dónde iba, la detuvo.

—Espera —dijo con firmeza—. Yo estoy seguro de que estoy con la persona con la que quiero estar. Si tú no estás con la persona con la que quieres estar, es problema tuyo. Piensa qué quieres y después me avisas.

Y dicho esto, se dio media vuelta y se fue.

A los pocos días mi amiga me contó el episodio y dijo:

—La verdad... Me dio una lección.

Finalmente se casó con él. No era para menos. Una persona así es como para casarse.


Quizás algunos nacen con vocación amatoria o son virtuosos en la ejecución del amor.

A todos los demás, nos queda la vía laboriosa. Investigar, reflexionar, detenernos a pensar sobre nuestra pareja, leer este libro, leer muchos libros, hablar con nuestra pareja, trabajar cada día para preocuparnos un poco más por amar y un poco menos por ser amados.

Y estar atentos a historias como las que he compartido en este capítulo. Yo, cuando me cruzo con una de ellas, me quito el sombrero, recuerdo a Auden y trato de mirar a mi compañera como si se tratara de una magnífica y única constelación de estrellas.

# Fuentes

## Películas y videos citados

Cholodenko, Lisa, *The Kids Are All Right*, 2010.

Haigh, Andrew, *45 años*, 2015.

Jewison, Norman, *El violinista en el tejado*, 1971.

Jones, Spike, *Her*, 2013.

Kauffman, Marta y David Crane, *Friends*, "Lo que podría haber sido" (temporada 6, episodio 15).

Kauffman, Marta y David Crane, *Friends*, "Sucesos del pasado" (temporada 3, Episodio 6).

Les Luthiers, "La vida es hermosa, Bromato de Armonio", 1998.

Perel, Esther, "El secreto del deseo en una relación de largo plazo", Ted Talks.

## Libros

Ansari, Aziz, *Modern Romance*, Seda, 2016.

Arlt, Roberto, *El fabricante de fantasmas y Prueba de amor*, Losada, 2005.

Auden, W. H. *Selected Poems*, Vintage International, 2007.

Dvoskin, Hugo, *De la obsesión al deseo*, Letra Viva, 2001.

Fischer, Helen, *Anatomía del amor*, Anagrama, 2007.

Forward, Susan, *Chantaje emocional*, Atlántida, 1997.

Kundera, Milan, *El libro de la risa y el olvido*, Seix Barral, 2005.

Lacan, Jaques, *Seminario 8: La transferencia*, Paidós, 2003.

Leavitt, David, *Amores iguales*, Anagrama, 1996.

Marías, Javier, *Cuando fui mortal*, Alfaguara, 1996.

Nagoski, Emily, *Come as You Are*, Simon & Schuster, 2015.

Neuman, Andrés, *Hablar solos*, Alfaguara, 2012.

Perel, Esther, *Inteligencia erótica*, Temas de hoy, 2007.

Saint-Exupéry, Antoine de, *El Principito*, Salamandra, 2014.

Veaux, Franklin y Eve Rickert, *More than Two*, Thorntree, 2014.

Welwood, John, *El viaje del corazón*, Era Naciente, 1991.

Zinker, Joseph, *El proceso creativo en terapia gestáltica*, Paidós, 1977.

Esta obra se imprimió y encuadernó
en el mes de diciembre de 2017,
en los talleres de Impregráfica Digital, S.A. de C.V.,
Calle España 385, Col. San Nicolás Tolentino,
C.P. 09850, Iztapalapa, Ciudad de México.